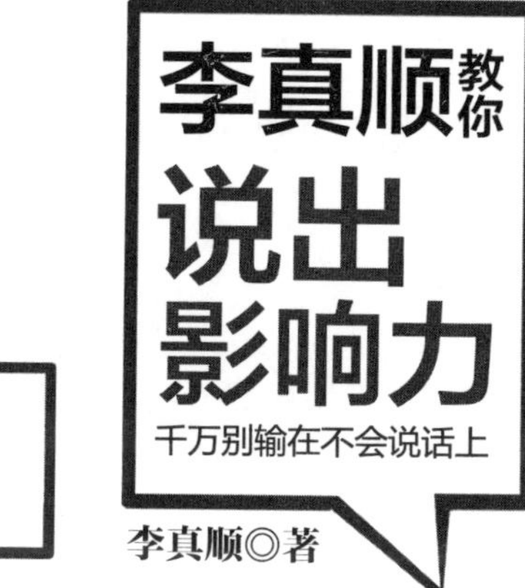

李真顺教你说出影响力

千万别输在不会说话上

李真顺◎著

北京联合出版公司
Beijing United Publishing Co.,Ltd.

图书在版编目（CIP）数据

李真顺教你说出影响力：千万别输在不会说话上 / 李真顺著.
—北京：北京联合出版公司，2016.3
ISBN 978-7-5502-6792-3

I. ①李… II. ①李… III. ①演讲②口才学 IV. ① H019

中国版本图书馆 CIP 数据核字（2015）第310486号

李真顺教你说出影响力：千万别输在不会说话上
作　　者：李真顺
选题策划：北京时代光华图书有限公司
责任编辑：管　文
特约编辑：李燕子
封面设计：新艺书文化
版式设计：曾　放

北京联合出版公司出版
（北京市西城区德外大街83号楼9层　100088）
北京晨旭印刷厂印刷　　新华书店经销
字数160千字　　787毫米×1092毫米　　1/16　　14.25印张
2016年3月第1版　　2016年3月第1次印刷
ISBN 978-7-5502-6792-3
定价：39.00元

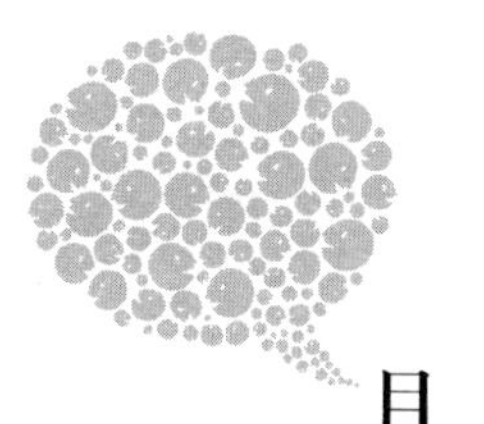

目　录

02 魅力演说，脱稿为王

前　言

在当代社会，沟通与交流的能力已经成为一个人成功的重要因素。然而雄辩与说服并非天然生成，因此如何提高自己的口才，如何在众人面前推介自己的思想，成为我们提升个人素质的一个重要命题。

面对面的沟通、公众的演讲、平时的社交、销售时的谈判、人际关系的处理……无时无刻不需要良好的口才。良好的口才能让我们快速增加个人魅力，提升影响力。特别是现在的移动网络时代，微博、微信等各种互联网工具已经让我们成为自媒体中心。我们随时都可以发声阐述自己的观点，因此说的艺术显得尤为重要。说出影响力，也是每个普通人都想表达的诉求。

现实生活中，我们习惯地将“会说话”的人称之为有“口才”的人。口才的重要性不言而喻，古人就有“一言之辩，重于九鼎之宝；三寸之舌，强于百万之师”的说辞。的确，口才越来越彰显它在自我素养中的“主导”地位。事实上，越是需要引起人们重视的事情越容易被人们忽略。在现实生活中我们发现，很多人根本不懂得如何与他人说话，不是词不达意，就是说话不流利而影响人们对于说话者本人的判断；平时和几个熟人朋友随便聊聊天，拉个家常还算可以，可是到了关键时刻，却一句有影响力的话也说不出来。

“说话”是一门语言艺术，而要想把话说得具有一定的影响力，则是技巧与智慧的博弈。有时候话虽然不多，但仍然极具威力及影响力。基辛格的一位部下递上一份报告，基辛格看都没看，就在上面批示——你还能做得更好。部下将报告拿回去调整，做好以后又拿给基辛格看。他还是没看，又在上面批示——你还能做得更好。第三次，部下直接找基辛格说：“我真的尽全力了，不能再好了。”然后基辛格微笑着说：“好，这次我会看的！”基辛格非常简单适时的一句话——你还能做得更好！便走进了部下的心里。而这句话中既透露出领导者对下属的肯定与信任，也显示出领导者不容置疑的果断决绝及影响力。

此外，人们总是认为口才是天生的一种技能，所以即使知道其重要性也不会给予足够的重视，甚至对于后天的训练亦觉得用处不大。其实不然，任何一件事情通过后天的努力都是可以获得改善或者提高的。每个人都有自身的短板，我们应当正确地认识它，在必要的时候改进它。既然口才对于我们非常重要，就不要被一时的困难吓倒。只要坚定口才能够变好的信念，再学习一些必备的口才技巧，掌握一定的话术，我想，即使现在的口才不好，未来你的口才一定会很好。

笔者希望帮助那些饱受不善言辞之苦的人们走出语言的困境，从而掌握一定的语言技巧，让他们身处人生的各个场合都能应对自如，说出影响力，说出好人生！殷切地期望这本书能给渴望拥有好口才的读者带去一些启迪和帮助。

本书共分四章：第一章，从人际交往中人们应当遵守的规则出发，从处世、处事的角度告诉人们，如何说才能成为一个处处受人欢迎的人；第二章，教会人们如何才能做到脱稿演说、随机应变，这也是提升口才的一个重要手段；第三章，教会人们洞悉职场规则，控制好自己的嘴巴，让“口”为职场开路；第四章，详解口才在谈判中的应用，是攻，是守？这其中体现了谈判者的平衡艺术。

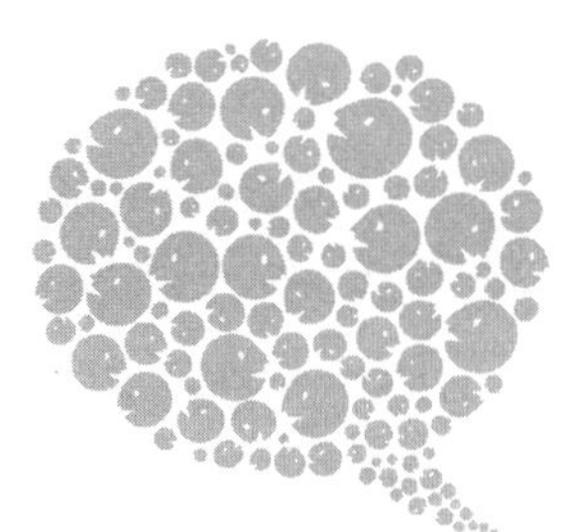

01

“会说”永远比“能说”更重要

人际交往是一门学问。因为我们看到：有的人总能在人前谈笑自如、如鱼得水，并深得人心；有的人却木讷寡言，词不达意；此外，还有一种人，虽然也能侃侃而谈，但总是不得人心，甚至还惹人生厌。那么，是什么原因造成的这些差距呢？究其根源，那些在社交中备受欢迎、魅力四射的人，都是掌握并熟练运用社交口才技巧的人。只有充分学习、掌握好这些社交口才技巧，你才能“肆无忌惮”地张开“嘴”，避免窘态。说出魅力，说出“好关系”。

不要被“圈子”憋死

很多时候我们总是凭个人嗜好选择那些我们自认为易于交往的人进行交往，殊不知我们的感觉具有很强的欺骗性。《沟通力》一书指出：“我们对‘关系’的理解往往并不是我们真正需要建立的那种关系，这种误解会混淆我们的目标。”也就是说，在与人相处的过程中，我们不应该把个人的好恶带到人际交往当中，这种偏见非常不利于我们目标的达成。

事实上我们也会发现：那些看起来不太好打交道的人，往往在危难之时给了我们很大的帮助，而那些我们在日常生活中依仗的人却在我们真正需要帮助时袖手旁观，甚至有可能落井下石。时下，人们更是越来越注重各种“圈子”的建立，“圈子”文化盛行坊间。正所谓“物以类聚，人以群分”，这本无可厚非，但“万事不可用其极”，一件事情一旦过了头，必然会深受其害，因此我们看到很多人被“圈子”套死。而你一旦走出有意自织的“小圈子”，就会捕获一个“大天地”。

> 我在农村长大，有一天父亲突然特别感慨地对我说：“人呀，真的不要小看任何一个人，没准他哪一天就帮到了你。我从来没有想到，张三今天竟然帮了我一个大忙。”
>
> 那时我还小，好奇心很重，紧接着追问父亲到底是怎么回事，因为我知道张三是聋哑人。在偏僻的农村，人们对于身体有残疾的人还是怀有很大成见的。因此，人们见到张三，要么取笑，要么远离，不会有人重视他，更不可能要他帮忙。
>
> 其实，父亲口中的这件事并不大。他那天装了满满一手推车从地里收回来的玉米，在往家搬运的途中有一个大坡，父亲试了两次都没有办法将手推车推上大坡。按说在平时那个时间段，路上会有很多忙着收割庄稼的同村人，但就是巧了，那天父亲等了很久就是没有碰上一个人。
>
> 父亲正在那里生闷气，刚好张三收工回家，看到了父亲和那满满一手推车的玉米。他用手向父亲比画着，示意他可以帮忙，并一直将父亲送到家。

为什么父亲口中的这个小人物和这件小事让我如此念念不忘？可能是我从认识张三开始就像其他人一样把他看得太过“渺小”，

或者说得更直白一点儿，我根本“看不起”他，因为他身体有缺陷。虽然那时的我还不懂得成人眼中的“圈子”，潜意识里却告诉自己，这是一个永远无法走入正常人生活“圈子”的人。然而，有一天他却得到了我心目中形象最为高大的父亲如此感慨和认可，让我挂怀至今。因此，我成人后，从不给自己画“圈”，这也让我结识了更多性格千差万别的朋友。每当有人质疑我朋友中某些人与我是多么不同，为什么会交上这样的朋友时，我一般都会这样回答他：“我们的眼睛经常出现一些错误，这个人真的很不错，不信你可以试着交往一下。”

在现实生活中，人们习惯于对跟自己性情相投的人大讲哥们义气，而把不合自己性情者视为“圈外人”，采取抵制的态度，甚至有时进行恶意攻击，这是完全没有必要的。

记住，渡你“九重云天”者往往是你意想不到的那个人。老子说：“善者，吾善之，不善者，吾亦善之，德善。”是的，无论善与不善，均能一视同仁，以善来教化，才能最终都变得善良。能否正确地认识和了解他人，关系到人际交往能否顺利进行。若想走出对他人认知的心理误区，就要注意以下三点。

1. 切忌先入为主

在人际交往的过程中，切忌以第一印象作为判断一个人“是非”的标准。在现实生活中，人们往往容易陷入“先入为主”的误区里，不经接触，就妄加评判，带有很多的主观性、片面性。

2. 避免“近因效应”

某个人因为没处理好一件事，我们想当然地认为，凡是同类的事情他一概无法做好；某个人刚犯了一个大错误，我们就从此判定他从来都不是一个好人。事情发生后，要分析背后的原因，观察其后的表现，要“具体问题具体分析”，不要轻易下定论、作评判。

3. 不玩弄人际关系技巧

不要一味玩弄人际关系的技巧。若非怀有一颗真诚待人的心，再多技巧也是枉然。因为维系人与人之间的情谊，最要紧的不在于言语或行为，而在于“本性”。只有在人际交往中不断审视、认识自己和他人，不断领悟人生，才能拥有不一样的人际交际网和影响力。同时，要知道“水至清则无鱼，人至察则无徒”。

切忌苛求“平等对话”

在人际交往的过程中，我们总是期望能够彼此平等，但我们发现，绝对的平等对话在过去从未有过，在未来也不会实现。

1. 争取相对的平等，而非绝对

在一个劳动仍是谋生手段的社会里，财富和权力必然是生活轴心和是非的归宿，欲求一种完全平等的语言交往，是根本不可能实现的。我们只能尽可能地争取相对的平等，而非绝对。

在一次音乐课上，张老师让她的学生用打击乐器为某歌曲伴奏，同时，她还为此设计了伴奏节奏。但是，她发现有几个学生并没有按照她的要求去做，他们的打击乐器非常随意地堆在桌上。虽然张老师对他们的做法很不满，但是她并没有批评他们，而是试图与他们对话，以完成本次教学任务。于是，师生对话开始了：

“谁来说说，你选择了哪些打击乐器？”张老师满含期待地等待着学生们的发言。一阵沉默过后，有几个学生抬头看了一下四周，又偷偷地低下了头。

终于，同学甲鼓起勇气最先发言了，他说：“我选用了沙球。用 XX 来表达 123 这个节奏。”

“哦？是吗？”显然，张老师并不满意这个答案，并用期待的眼神再次投向学生们。乙站起来了，并提出了反对意见：“不对，这首歌曲情绪欢快活泼，不能用沙球伴奏。”

此时，同学甲开始处于下风，自信开始被瓦解：“啊？歌曲情绪欢快活泼就不能用沙球伴奏吗？”然而，全体同学：“不对……”一阵山呼海啸般的回答。

老师暗想同学甲平时说话总是不经过大脑，一丝不悦挂在了脸上，并对甲说：“请你想仔细了！”同时，将头转向一个不敢抬头的学生丙：“你来说说看。”

同学丙胆怯地站起来：“老师，我……我不知道怎么说。”其实，同学丙的表现早在张老师的意料之中。那么，是时候调出“精锐”了，张老师心里想着“别怪我没给你们机会”。于是，她先是表面“宽容”地对丙说：“好吧，你可以坐下了。”

同时，把信任的目光投在了学生丁身上，并鼓励地点了点头：“你来说说看。”

“老师，这首歌曲情绪的确是欢快活泼的，但这首歌曲是二四拍的，所以不应该用XX，123这个节奏，我想用XX，12这个节奏比较好，而且沙球没有铃鼓能体现这首歌曲的情绪。”

“哦！说得真好。还能用什么节奏呢？”老师高兴地回答，并开始饶有兴趣地准备和这个学生展开讨论。

谈话的现场开始变得热烈起来，几个不甘落后的孩子也开始相继站起来加入话题中，内容更加的宽泛。几个原本就低着头的学生抬起头来茫然地看着老师和这几个参与其中的同学，倍感失望，显然他们被边缘化了。

张老师充分考虑到了要给学生们自由发言的空间和机会，给孩子们一个相对平等的对话机会。但是，我们认真辨识便会发现问题。在这一过程中，她还是不可避免地根据学生平时的能力表现，人为地把学生分为了四个不同的等级：第一个级别的学生，是为数不多的几个，他们平时音乐成绩较好，能够听老师的话，老师愿意与他们对话，且他们也能够与老师积极对话，如案例中与老师积极对话者；第二个级别的学生，他们上课能够悠然自得，但缺乏动机与教师对话，如案例中的乙；第三个级别的学生，是那些愿意和老师对话，但往往答非所问或不得要领的，其发言常常遭到老师的否定或者贬斥，如案例中的甲；第四个级别的学生，是基本被漠视的一个群体，他们既没有能力回答问题，也不会被主动提醒回答问题，因为老师非常清楚，即使他们被叫起来回答，也是没有能力回答出来的，即便是个错误的回答，他们也没有，所以这类学生基本被老师无视了。

由此，我们可以看出，只有那些能够积极与老师对话，能力强的学生，也就是所谓的“对话强者”才有机会争取与老师进行相对平等的对话。而另外三类学生，是所谓的“对话弱势者”，他们要么只作“壁上观”，要么即使回答了问题也是遭到贬斥、冷遇，是不可能争取到与老师平等对话的。

所以，不难得出这样一个结论，自从你决定与他人对话的那一刻起，你们之间的对话就可能存在着不平等。只有反复咀嚼透彻这个道理，才能让你与他人在谈话过程中保持清晰的头脑；只有不存任何幻想，才会没有失望。只要没有了失望，彼此之间的交往也就变得相对顺畅，彼此之间的对话也就相对平等了。

2. 以今时之弱赢取明日之强

假如我们在对话过程中，恰恰成了弱势的一方，也不用自卑。自卑往往会给人们带来一种痛苦的心理体验，这种不适的感觉很容易让自己产生紧张、压抑的负面情绪，从而导致谈话过程中思路断层，产生语言障碍，更加不利于双方之间的平等对话。

在谈话过程中，要始终警醒自己：你是在“以今时之弱赢取明日之强”，并以此不断进行自我暗示、自我激励，时刻保持乐观、自信、饱满的情绪，至少在精神上和气势上不输于对方，并力争以人格魅力影响他人。这就是你的个人影响力。

这些问题要避讳

无论我们身处什么境地，都要学会有效地控制自己的情绪。假如我们真的无法控制自己的情绪，不妨试着管住自己的“舌头”。如果两者都做不到，那么在与人交往的谈话过程中，以下几件事就有必要牢记在心里。

1. 锋芒毕露，前途无“亮”

在现实生活中确实存在一些自视颇高的人，他们锐气旺盛、锋芒毕露，处事不留余地、咄咄逼人，有十分的才能与聪慧，他们就能表现出十二分来，导致他们在人生旅途上屡遭挫折。

我有一位大学同学，在学校的时候各方面的表现都非常优秀，能力也非常强。只是他为人非常强势，凡事总要争第一，在学校里时，由于我们对他比较了解，因此处处让他几分。

大学毕业后，他顺利地进入了一家人人羡慕的单位。但刚进单位，他这也看不惯，那也看不惯，刚去一个月就洋洋洒洒地递了一封万言意见书给单位的领导，其内容包括：单位领导的工作作风与方法，单位的职工福利弊端，等等，并提出了详尽的改进意见。

这本没错，错在他刚进单位不久，对于单位的实际情况并没有完全掌握、理解透彻，加上他平时锋芒太盛，难免招人嫉恨。结果可想而知，领导不仅没有采纳他的意见，还找理由辞退了他。

之后几年中他也是频繁地更换工作单位，而且一个比一个不如意，他的牢骚也越来越多，意见也越来越多，在同学中本来很出彩的他如今表现非常平庸。

一般而言，善于交际的人都比较健谈，更善于表现自己。对于个人而言，这其实是一大优点，但是，恰恰有一部分人不善于利用自己的这一优势，过于张扬，过度表现，不免引人心生反感。一个人的优点和长处最好是由别人去发现，才能在人际交往中更具震慑力和神秘感。

2. 自信莫自负

自信是一个人成功必备的心理素质，然而伴随着不断的成功，人也会产生一些自满情绪，轻则由此变得自负而裹足不前，重则会严重影响人际交往，给当事人带来非常严重的人际危机。

自负一般源于当事人对于自身的错误判断，说白了，就是高估了自己，低估了别人。在现实生活中我们看到：自负的人喜欢制造虚幻的自我满足，希望得到超过自己实际价值的肯定。正是这一致命的自我满足和对自己过高的评估，才使得一代枭雄项羽兵败垓下，无颜面见江东父老；自负还容易让人阻塞视听，盲目孤行，也正是这样的自负才让马谡失街亭，最终落到一个被斩的下场。因此，自负要不得。

如何判断自己是否是一个自负的人？可以从三个方面检视。

你自负了吗

首先，只关注个人的需求，强调自己的感受，在人际交往的过程中常常表现为目中无人。

其次，参加朋友的聚会活动，不高兴时会不分场合地乱发脾气，高兴时则海阔天空，手舞足蹈，讲个痛快，全然不考虑他人的感受。

最后，经常过高地估计自己与他人的关系，说一些不该说的话。这种过于亲昵的行为，反而会使人出于心理防范而与之疏远。

自信与自负不同，自信是对自我价值与能力的充分肯定，是面对挑战时勇往直前的勇气和精神，是斩断畏惧与恐惧，用积极的心态迎接未来的情怀。自信是情绪的主人，而自负则是情绪的奴隶，一个人如果被自负操控，也就失去了操控人际关系的能力。

3. 嫉妒多疑，易失人心

嫉妒是一种消极的心态，往往源于当事者本人不自信。诚如西班牙作家塞万提斯指出：“忌妒者总是用望远镜观察一切，在望远镜中，小物体变大，矮个子变成巨人，疑点变成事实。”

爱嫉妒的人往往活在别人的世界里。

你嫉妒了吗

他们凭什么做得比我少，挣得比我多；

他们为什么都喜欢他，而不喜欢我；

我哪一点儿比不上他；

……

他们很少从自身寻找原因，难以客观评断。

另外，由于不自信，他们也很难与自己和谐共处，他们缺乏对自己的了解，不仅仅是高估自己低估别人，而且他们根本就不允许自己高估别人。正如黑格尔所说："有忌妒心的人自己不能完成伟大的事业，便尽量去低估他人的伟大，贬低他人的伟大性，使之与他本人相齐。"

同样，在人际交往中，多疑也极其不可取。正如英国哲学家培根所说："多疑之心犹如蝙蝠，它总是在黄昏中起飞。这种心情是迷陷人的，又是乱人心智的。它能使你陷入迷惘，混淆敌友，从而破坏人的事业。"如果不是因为多疑，项羽就不会失去亚父范增，可能就没有垓下的悲歌；如果曹操不是多疑，也就不会错杀华佗，他的命运可能会不同。

嫉妒和多疑是消极的，要不得的。敞开心扉，拥抱自己，多给自己一些积极的暗示。与其不停地追问，他们凭什么生活得比我好，不如时刻告诫自己，他们行我也行，并积极地投入到行动中，不断地强大自己；只有强大了自己，朋友才会真心愿意以你为荣，以你为榜样。

五种话不要讲

卡耐基在他的《人性的弱点》中说过："破坏性的语言，往往会产生破坏性的结果。”这个世界上最神奇的莫过于语言了，它时而像美丽的音符，奏响绚烂的乐章；时而如美味的糖果，散发沁人心脾的香甜；时而又像一把刺入心脏的匕首，留下即使岁月交叠也愈合不了的创伤。

1. 说人莫揭“短”

常言道：“打人莫打脸，说人莫揭短。”这个“短”是指人的缺陷。有些人缺乏对别人的尊重和包容，经常在言谈之间讲些损人的话，有时候是损人利己，有时候是损人不利己。

我想每个人都希望自己很完美，但这个世界就是对一些人不公平，我们需要一颗同理心。同理他人的苦和痛，这也是一种修为。一个有修养、有道德的人在说话时总是会尽量避讳，不讲他人反感之事。尊重别人也是尊重自己，这是人际关系交往的基础。

2. 不要直言他人“错”

人们总是在自认为熟知的领域，过于相信自己的判断，这也是自负的一种表现。也许对方的观点有待考究，但未必没有一点儿参考性，因此学会给自己即将说出口的话留出一定的余地，更利于人际的交往。

3. 切忌轻言“这个基本不可能……”

朱德庸有本漫画书的名字叫《什么事情都在发生》，要用发展的眼光去看待问题。如果你确实认为此事“基本不可能……”，可以尝试婉转地表达，比如："也许吧，不过还要……""我认为您说得非常有道理，只是咱们再观察一下……""你提得很好呀，不知道其他人有什么想法？"……

4. 负气的话不能讲

情绪是个"坏东西"，它很容易控制我们的语言和做事方式。人在生气时，往往会不自觉地说出负气的话，这些话的破坏威力一般都在"四星"（五星为最高级）以上，因此，要尽量控制自己的情绪。如果聊天的过程中，对方的行为或者语言确实令自己气愤，无法保持冷静，不妨转移话题或者借机离开。生气的时候，不要随便发言，因为气头上所说的话，往往很难听，也最容易伤人。

5. 别人的隐私不要讲

所谓隐私，我个人的解读是不愿意为外人道的事情，或者只愿意让自己信任的人知晓或者"分担"的事情。我之所以使用"分担"而不是"分享"，是因为在我看来，一个人承担着过多的、不愿让他人知晓的事情是非常辛苦的，如果有一两个朋友和亲人愿意与之分担，势必能够减轻其心理负担。

因此，一旦一个人愿意把他的隐私告诉你，那是因为信任你并把你当成朋友看待。而一旦这些属于个人隐私的事情被你当众揭露，也意味着，从此你们不再是朋友，而是"仇人"。揭露别人的隐私是非常不厚道的，明理人都知道，今日你可以拿这个人的隐私说事，未来你也有可能揭露那个人的隐私，因而不会有人愿意与你真诚结交。

巧妙应付几种人

每一次聊天、说话不一定都是愉快的，有时候会令谈话双方都不自在，甚至会带来无限的烦恼和伤害。特别是当你碰上那些比较令人头痛的人时，如何巧妙地应对他们就显得尤为重要。

1. 可以不让他的“贱”嘴得逞

这种人一般说话比较刻薄，要么不张嘴，要么张嘴就伤人。应对他们的最好方法就是：和他们保持一段距离，不要和他们开玩笑，否则他们的话会让你很难堪。

如果不小心被他们抓住机会“刺”到，也不必生气。如果他们的话对你的伤害并不大，可以完全无视，不加理会，因为嘴“贱”的人一般不会跟你讲道理的；如果是过分的话，就应该狠狠地教训他们，给他们一个下马威，不要让他们的“贱”嘴得逞。否则，一旦给他们造成你软弱好欺的印象，日后你将麻烦不断。

2. 巧用“哼”“哈”躲“是非人”

俗话说：“来说是非者，便是是非人。”反过来想一下便可了然，他既然在你面前说他人的不好或者缺陷，难免不会在他人面前说你的不足。究其根源，你会发现这些人的嫉妒之心过盛。他们的心里巴不得别人越来越倒霉，越来越困窘。如果你是聪明人，在与这类人交谈的时候，不要推心置腹。

要对这种人做到严厉苛刻并不难，难的是如何要他们不憎恨自己。要想远离这种人的最好办法就是：对他们说的任何“是非”都作出冷淡的反应，这样可以让他们知“错”而退；如果对方人不够聪明，无法理解你的苦衷，还继续说，那也不要去赞同他们，用“哼”“哈”去应对也不失为一种好办法。因为“哼”“哈”是一种模糊语言，既会让说人“是非”者感受到你的反应，又能让他很快意识到这个话题对你没有吸引力而无法激发他继续交流下去的欲望，从而令谈话中止。

3. 面对“火暴辣椒”有四招

现在的生活节奏非常快，生活在这样的环境下，难免让很多人的脾气变得急躁。如果这个“火暴辣椒”是与自己接触不多的“外人”，忍一忍也就过去了。但是，如果这个人恰恰是你的朋友、同事或者亲人，你又不得不与他们朝夕相处，该如何应对呢？

1）摸清底细

首先你得清楚对方到底是为什么发脾气，是否针对你？如果是针对你的，那么你就要多加小心啦，并且要清楚自己什么地方让对方不高兴；如果不是针对你，你也要确定对方是否就是这样的性格。在你对他还不是很熟悉的情况下，可以选择“冷处理”：如果方便走开，就礼貌地说一声“再见”，然后转身离开；如果真的不能马上走开，那就要用第四招——淡定。

2）保持良好的心态

如果你对他比较了解，当他脾气来了，一定要让自己保持良好的心态，避免被他的情绪干扰。因为，你清楚“他就是这样一个人”，或者“他本来就是对事不对人”。如果对方有些话确实伤害了你，憋在心里你也很难受，不妨暂时将事情放一放，找个合适的场合和时机，以玩笑的形式表达你的不满。我想对方在以后与你相处时也会有所注意和规避。

3）不惹“爆点”，避免争吵

既然你已经知道对方是个“火暴辣椒”，一点就着，在跟他相处的时候就要避免触及他的“爆点”。如果“爆点”不幸被你触及，不妨赶紧转换话题，避免争吵。同时，脾气急躁的人，自尊心都会强些，有时候他们明知自己错了，也不愿意当众向他人认错。假如你认为这个“火暴辣椒”是值得自己交往的，就不要过分计较了，让他一下又何妨，或者主动给他找个台阶，保全他的面子。一般而言，“火暴辣椒”性格耿直，一旦你的这些手段让他很受用，未来他必将死心塌地地跟你做朋友。

4）淡定

淡定是“八风吹不动，端坐紫金莲”的修为，达到这个境界者堪称人际交往的高手。第三十二任美国总统罗斯福家里被盗，丢失了许多家产。朋友写信安慰他，劝他不要伤心。罗斯福回信说：“亲爱的朋友，我很好，心情平静，而且心怀感激。这是由于：第一，贼只是偷走了东西，没有伤害我的生命；第二，贼偷走的不是悉数家产，还留下许多东西；第三，这是最重要的，偷东西的是他人，而不是我。”换言之，发脾气是他的事，不关我的事。面对对方无来由的暴脾气，如果你不想跟他吵架，可以淡然处之，别放在心上。否则，又能怎么样？跟他吵，伤了自己，也伤了他。而且在现实生活中我们发现，那些“火暴辣椒”往往都是些“刀子嘴、豆腐心”

的人，在大多数情况下，他们都是有口无心的。与其跟他们生气，不如一笑了之。

4. 匀点儿正能量给“祥林嫂”

祥林嫂是鲁迅小说《祝福》中刻画的一个典型旧中国悲惨女性形象。她身处社会底层，尽管她勤劳、善良、质朴，但并未因“好人好报”而改变她的悲惨命运，最终她在政权、族权、神权、夫权四条绳索的束缚中悲惨离世。小说中“我”碰到她的时候，她总是在喋喋不休地说着她的悲惨经历。想想看，如果在你的身边，每天都有一个人喋喋不休地向你诉说他的各种不平经历，你将是怎样一种心境。

如何巧妙地应对他们，对于保证自己的正能量将大有裨益。假如他们口中的“怨言”对你没有什么伤害，也不涉及他人隐私，倒不妨静下心来，花几分钟时间听他们说说，表示自己的同情和理解，给他们一些温暖，也是与人为善的一种表现。同时，引导或帮助他们看到正面的东西，或是干脆把焦点拉回到实际问题上，直击问题的根源:“对啊，有些事就是不合理，可是我们现在能怎么做？我们有其他的机会吗？”以此引导他们由单纯性地博取同情转变为思考问题，并积极地寻找解决问题的方案，从而杜绝对方因一味地抱怨而给自己带来的干扰及负能量。如果对方与自己没有什么交情，也无法招架或鼓励他们，还是直接避开，走为上策。

总之，一旦对方在你这里得不到应有的共鸣，之后就此类问题他也没有兴趣再来找你或者没完没了地跟你诉说了。

5. 离开身边的“挑剔鬼”

生活中很多人会有挑剔的行为，对孩子、恋人、朋友，甚至对自己。具有挑剔行为的人，多数是自我评价低、不自信、工作成绩不突出者，特别是在他们不顺心的时候，就会去挑剔他人。细究起来，原因不外乎以下两种。

1）自卑

其实每个人或多或少都有一些自卑。只是对于一些人而言，这种不良情绪很快能够自我调整过来。但是，一旦这种情绪固化为性格特质，就比较麻烦了。他们常常会表现出盛气凌人的样子，容易挑剔、指责别人，一旦看到别人身上闪光的一面，就会不自然地产生严重的自卑情绪，促使他们采取挑刺的方式以获取自己对他人心理上的优势。

2）嫉妒

喜欢挑剔别人的人，常常怀有一颗嫉妒之心。他们长着一对“顺风耳”、一双“千里眼”和一个敏感的“鼻子”，身边有丁点儿变化他们都能瞬间捕捉到，迅速摆出一副与人一争高下的姿态，一旦技不如人，就会妒火中烧。只是，他们并不会就此采取积极行动，通过自己的努力超越别人，而是对着自己臆造的这些“假想敌”横加挑剔和阻挠，甚至在他人背运之时采取“落井下石”的卑鄙手段。

其实，那些总是在贬低别人的人，无非就是想表示他们比别人更强。有这样的人潜伏在自己身边，给你带来的负能量犹如夜色，慢慢地浸染，蚕食掉你的自信，打击着你的尊严，让你无法获得自我认知上的平衡和情感上的平等。因此，面对这样时刻影响并消磨掉你所有正能量的人，最好的办法就是尽量避开，一走了之。

当然，很多时候我们可能逃无可逃，躲无可躲，因为这个人或许是我们的同事，也有可能就是跟我们朝夕相处的亲人。那么，为了解决现实中存在的实际问题，我们不妨再宽容大度一些，换个角度看问题，设身处地为对方想一想，看问题到底出现在哪里。在平时的相处中，给予对方充分的尊重和理解，并且愿意承认对方观点中存在着合理之处，让他们得以完好地保持自尊。假如我们能够做到这些，就会发现，那些原本看起来不太好交往的“挑剔鬼”们，会逐渐减少替自己辩解的借口，更多地听取别人的建议和忠告。

6. 谨慎对待“控制狂”

有这么一类人，他们长年累月地以贬损身边的人为乐趣，或者以此来抬高自己。如果你因为他们这种行为而生气，他们会很无所谓地说：“你真是不禁逗，我开玩笑的。”“你不至于吧？”如果你也损回去，而他们又赢不了，很快会恼羞成怒，甚至会在朋友面前孤立你，让你成为一个“小心眼”“不懂幽默”的人；如果你直接跟他们说，他们又会满不在乎地说，自己只是在开玩笑，是你小题大做。这就是典型的“控制狂”。

每一个人或多或少都会有一些控制欲，只是一些人表现得更为“专横”一些。这种“专横”在日常生活中，常常表现为谨小慎微、追求完美。其实，他们只是内心有着较强的不安全感，心里总是不踏实，只有当他们认为一切尽在自己的掌握之中时，才会感到踏实、安心。那么，如何应对身边的这些“控制狂”？应根据自身的需要做出取舍。

1）不得不去交往，请慎交

如果这个人是你不得不交往的，请慎交，并做到：步步为营，避免深交。诚如上文中我们提到的那样，他们善以贬低他人的方式抬高自己，因此，可以想象，如果没有一颗强大的内心，长期与之相处，你将从他们身上吸收多少负能量。

2）老板或者上司，请多请示，多出选择题，多沟通，多肯定

如果这个人是你的老板或者上司，在工作中请尽量做到：

第一，在日常工作中多向老板或者上司请示工作。

第二，让老板或者上司多做选择题，不做判断题。如果要开展一个新项目或者需要决定一件事情，多出一些方案让他们选择，而不是判断。比如：领导，关于这件事情我做了两个方案，方案一是……方案二是……您看哪个好呢？

第三，多沟通，多肯定。在平时的工作中，要多肯定他们的成绩，重视他们的存在，让他们充分感受到你完全在他们的掌控之下。

一旦取得“控制狂”们的信任，你的前途也是无量的。

3）你的伴侣，请接纳

如果这个人是你的伴侣，好吧，既然选择了他（她），那就接纳吧，对于他（她）的“控制欲”，也许我们无法改变，不妨带着一颗喜悦、接纳的心去对待他们，将会收获一个不一样的人生。你可以试着这样做。

第一，把他（她）的快乐当成你的快乐。爱他（她）就要让他（她）快乐，因为只有这样，他（她）才会把你的快乐当成自己的快乐。

第二，包容他人是人际交往最有效的技巧。每个人都有优点，也都有缺点，你的那个他（她）自然也不例外，只要不是什么大的、原则性的问题就让它们过去吧，没有什么比和谐共处更重要的了。

第三，关心体谅必不可少。体谅和理解他（她），不要总是抱怨，抱怨是一种负能量相当大的情绪，请慎用。

第四，善待他（她）的父母和家人。

第五，不强迫他（她）做自己不喜欢的事情，鼓励他（她）多做自己喜欢的事。

第六，培养两个人之间的共同爱好。如果有了共同的兴趣爱好，就可以增加很多共同的话题，当然也就多了很多分享的乐趣。

不当“搅事棍”，要当“和事佬”

什么是“和事佬”？有人斗拳，“和事佬”就是那个劝架的；有人斗智，“和事佬”就是忙着说情道歉的；如果碰见小两口吵架，“和事佬”就是那个从中说和的居委会大娘或邻居家的大妈……

“和事佬”关键在于一个“和”字，“和”的反义词是“争”。从字面上看“和事佬”这个角色的任务就是“止争”。反之，如果这个“止争”的工作没有做好，那就是“搅事棍”。因此，在决定当“和事佬”之前一定要慎思慎行。

1. 管好自己的嘴

或许你会问，我不是来调解的吗，管住自己的嘴，不说话，如何说服两个人？因为在气头上的两个人都不认为自己是错的，每个人都希望你能够站在自己的一方，这时候如果你急着表态，很容易给自己“埋下”立场，从而得罪另外一方。这时候，不妨闭紧嘴，认真听，无论他们的观点如何，你都回应“是、是、是”，在取得对方信任的时候提出你的观点才较容易被接受。在“和事”的说服工作中，说话多不代表说得好，真正有头脑的说服者，应该是那些用最少、最恰当的话达到说服目的的人。

2. 带动双方跟着你说“是”

心理学家认为，要想取得良好的沟通效果，在沟通过程中要多使用肯定词，少用否定词。研究发现，当一个人说出否定性的语言时，他的整个肌体，包括肉体和精神，都处于一种明显的收缩状态，而处于这种状态的人会拒绝任何人的意见。同时，人们一旦将“不”说出口，也往往不愿意悔改。

我们小时候经常玩这样一个游戏：

A 对 B 说：“你连续大声喊五个老鼠。”

B 照做，喊：“老鼠、老鼠、老鼠……”

等着 B 喊完，A 马上问 B：“猫怕什么？”

一般情况下，B 一定回答：“猫怕老鼠。”

其实在很多培训课程现场，有些培训师也经常会用提问的方式引导学员，比如他们经常在课程中用到的词汇有“对不对，是不是，好不好”。大部分学员一般都会说“对、是、好”。

如果当事双方都对你说“是”，你们三人的观点取得了一致，矛盾自然就化解了，而你这个“和事佬”也就当成了。

3. 有效地控制话题

气头上的当事双方在阐述自己观点的时候难免偏激，如果任其一味地发展下去，势必又是一场“战争”，甚至可能会殃及你这个“和事佬”。因此，有效地控制话题，引导双方的谈话向有利于“和解”的方向发展是非常重要的“和事”技巧。只有掌握了沟通的主动权，才能最终达到说服的目的。

> 在一列火车上，年轻的记者里尼提正在采访当时共和党的总统候选人胡佛，胡佛总是用“是”或者“不是”来回答，这让里尼提很尴尬。
>
> 当火车经过当时美国贫穷荒凉的内华达州时，里尼提突然自言自语地说：“这里的人们应该还在用那些古老的方法采矿吧！”胡佛一愣，马上说道：“早就不用那种方法了，现在全国都在采用最新的采矿方法。比如……”就这样，胡佛的话匣子一下子打开了，滔滔不绝地讲了很多，从采矿到石油，从航空到邮政……

里尼提本来是一个默默无闻的记者，却因为和胡佛总统聊了一个合适的话题，变成了和胡佛总统谈话时间最长的记者。看来，话题对谈话确实非常重要。尤其作为矛盾的调解员，把话题有效地引向有利于和解的方向至关重要。因为调解的目的是说服两人和解，所以要努力掌握话题的主动权。始终让谈话朝着对自己有利的方向发展，就有可能达到自己想要的结果。

4. 难得糊涂

“和事佬”要达到“止争”的目的，还要会装糊涂。不去评断事件的是非曲直，无论谁跟你确认，都是一个态度：好、好、好，是、是、是。避免对争执双方的立场做道德上的价值判断，至少不应该有很明显的倾向性。如此一来，既可以使争执双方矛盾不再被激化，又可以淡化双方争执的利益，使其自觉无聊，从而不再争执。否则就失去了“和事”的资格。

给人当“和事佬”并非易事，弄不好还会由“和事佬”变成“搅事棍”，陷自己于不义。因此，自己是否站得正，立得稳，能从大局出发非常重要。有了私心，想偏袒过关不行；有了野心，想渔翁得利也是非常要不得的。尽可能地以理服人，以德服众才是“和事佬”的正道。

冷场“有理”，破“冰”有方

商场上，不管是拜访客户、接待贵宾、出席各式聚会或活动，还是与主管搭乘同班电梯，难免都要和“不熟的人”聊上几句；又或者在某些场合，我们会遇到一些自己觉得非常值得与之交往的人，却苦于寻找不到一个突破口，从而与之失之交臂；再或者因为曾经不小心的一句话误会，使得原本不错的关系恶化，并瞬间结冰……

生活中、职场上，我们难免要和人说话，有时候是和陌生人，有时候是和曾经的熟人，学会如何与形形色色的人沟通“破冰”，就等于掌握了建立人脉的技巧。

那么，了解及掌握“结冰”的原因也是“破冰”的一个有效手段。谈话双方存在以下几种情况时，最容易因“话不投机”而出现冷场。

冷场，你碰到了吗

初次见面或者平时见面的次数很少，彼此之间还不太熟悉。

年龄、职业、身份、地位差异很大，给其中一方带来很大的压力。

兴趣、爱好差异大，双方之间找不到共同的话题。

性格、素质差异大，其中一方过于内向，对另一方的回应冷淡。

平时意见不合，尤其当双方单独在场的情况下更容易“结冰”冷场。

异性相处，尤其单独相处时。

双方均为性格内向者，谁都不懂得如何打破僵局。

出现冷场，双方都会感到尴尬。但只要掌握了“破冰”之术，冷场是很容易变暖场的。

1. 一个微笑

宋代词人赵长卿在他的作品《浣溪沙·闲理丝簧听好音》中说得非常好:“暖语温存无恙语，韵开香靥笑吟吟。”心理学家研究证明：微笑是人际交往的润滑剂，能帮助人们驱散心头的烦恼，消除人与人之间的隔阂，让你的人生越走越顺畅。

李林是一个表情严肃的人，即使在家里也很少笑。有一次，他所在单位组织一个演讲活动，要求以微笑为主题发表演讲，他决定自己先体验一下微笑的感觉。

于是，早上上班的时候，在电梯里遇到了门口的保安，他微笑着向这名保安打招呼：“嗨，早安！”在他看来，一向比他还呆板、严肃的保安今天却第一次向他展露了笑颜。

之后，他再见到电梯管理员、公司前台、公司的每一个同事都会报之以微笑。尤其当有同事向他抱怨或表示不满的时候，他不再沉着脸去应对，而是用宽容和理解的笑容，微笑着听同事说完。

同样，下班回到家以后，他也不再板着脸，而是微笑着跟妻子说话，微笑着陪着孩子玩耍。

很快，李林发现自己以前不能解决的问题解决了，自己的人际关系也得到了积极的改善，并且很快他的职位也得到了提升。

一个友善的笑容往往能够发挥意想不到的效果。微笑是一种资源，请不要浪费它。我在《周六上午的口才课》一书中曾经给大家分享过一首小诗《微笑的真谛是什么》。

微笑的真谛是什么

微微一笑并不费力，

但它带来的结果却是这样的神奇！

得到一个笑脸会觉得是一种福气，
给予一个笑脸也不会损失分厘。
微微一笑虽然只需几秒，
但它留下的记忆，
却不会轻易拭去。
没有谁富有得连笑脸都拒绝看到，
更没有谁贫穷得连笑脸都担当不起。
因此解语之花、忘忧之草的美名，
它当之无愧。
微笑买不来、借不到，
偷也偷不去，
只有在给人之后，
才显露它的意义。
这就是微笑的真谛！

是的，“只有在给人之后，才显露它的意义”，微笑就是这么美好的事物。密歇根大学心理学教授詹姆斯·麦克奈尔认为：“那些时常保持微笑的人，在管理、教育、推销中会更容易成功，更容易培养出快乐的下一代。”

笑容比皱眉头更能传情达意，这正是为什么教育中更应该以鼓励和微笑取代体罚和处置的原因。“钢铁大王”安德鲁·卡内基的得力助手斯瓦伯骄傲地向世人宣称：“我之所以能成为全美国薪水最高的打工者，主要是因为我有着迷人的魅力。我的人格、我的品德、我与人相处的方法，这些都是我的成功秘诀。但是，我最迷人的还是那发自内心的微笑，至少要值一百万美元。”

2. 礼貌和热情

礼貌和热情也是人际交往的有效手段，《塔木德》里说：“请保持你的礼貌和热情，不管对上帝，对你的朋友，还是对你的敌人。”

眼看就要大学毕业了，张新与同学们都在紧张地四处投递简历，但回音寥寥。这一天，张新听说有一家知名外企到学校招聘，他与几个要好的同学欣然前往，希望能一睹国际一流企业员工的专业风采。现场，张新被这些礼貌、周到又充满热情的工作人员感染，并立志要成为他们中的一员。

经过第一轮筛选，该企业初步选中了六人，并约定了复试时间，张新便是其中之一。之后，经过多次筛选，最后就剩下张新与外校的另外三名学生，需要该企业驻华办事处老总面试。尽管大家都认为这最后的面试只是走走过场而已，无关紧要，但张新却不这么看，他告诫自己，一定要向他在学校看到的那些招聘人员学习，时刻保持对人的热情和礼貌。

面试当天，他与另外三名外校学生都满怀信心地走进老总的办公室。这时，老总非常抱歉地对他们说：“非常不好意思，我临时有点事要出去二十分钟，你们能等我吗？”他们异口同声地回答说：“当然可以！”

老总出去以后，另外三名学生嫌等着无聊，同时他们看到办公桌上有几本时尚类的杂志，便都凑过去，一本本地翻看着。尽管张新一再礼貌地提醒他们，但是另外几位同学认为，看几本杂志没什么大不了，并未理会。

二十分钟后，老总准时回来，他转身对张新说："你可以留下了，另外几个同学可以回去了。"看到其他三人面面相觑的样子，老总解释说："我们公司不需要未经人同意便随便翻看别人东西的人，这是最基本的礼节。而他一直在礼貌地提醒你们，你们竟然都没有意识到自己的问题。最关键的是，他自一进到公司开始，便热情地跟每一个跟他会面的人打招呼。"

面对周围的人，尽情展示你的热情和礼貌是非常重要的。心理学家阿希在 1946 年做了一个实验：他将大学生分成两组，每人拿到一张描写某个人特征的七个形容词的表。第一组的表上写着"聪明、灵巧、勤奋、热情、果断、实际、谨慎"，第二组的表上的词除将"热情"换为"冷淡"外，其他的词与第一组的相同。然后让被试者评价该人。发现第一组被试者多数认为此人慷慨、幸福、人道，而第二组的评价几乎相反。阿希又分别用"文雅"和"粗鲁"代替"热情"和"冷淡"，发现两组被试者的评价几乎无多大差别。这说明"热情—冷淡"是核心品质，而"文雅—粗鲁"则不是。热情是一种做人的态度，更是一种对生活的态度。

用热情去融化他人，感染他人。可以主动与同事打招呼，不要只是点点头或微微一笑，可以适时地攀谈几句闲话。平时可以参与大家的闲聊，打破自己带给人们冷漠的印象。还可以主动帮助别人，不要等到别人求助时才伸出救援之手。这些行为都可以给别人留下热情的印象，加上其他优点，一定会令你的人际关系"增值增量"。

3. 一点儿幽默

幽默是一种人际沟通的行为，能促进人际互动，增进友情、亲密感及别人的赞同。幽默可以有效地降低人与人之间的“摩擦系数”，化解冲突和矛盾。

幽默具有扭转乾坤的神奇魔力，让人心甘情愿地接受原本不愿意接受的事物，心甘情愿地去做原本不愿意做的事情。依据“人际吸引理论”，人们喜欢拥有相似态度或价值的人，因此，同时为某件事而笑，是发展友谊的第一步。幽默的语言，能使社交气氛轻松、融洽，利于交流。幽默也是一种语言艺术，在人际交往中发生摩擦时，往往能起到缓解紧张气氛的作用。

4. 一点儿人情

卡耐基在其《人性的弱点》中指出：“每个人都希望除了他本身之外的所有人欠他，而不希望他欠除了他本身之外的所有人。”话很拗口，道理却很明了。在我看来，这也是人际“破冰”的一个有效技巧。比如说你和小李认识不久，彼此还不熟，有隔阂存在，然后通过某些事情，你觉得他欠你的。一旦你日后对他有事相求，心里自然多了一份坦然。即使日后你并没有什么地方需要他帮助的，你们的相处也一定会顺畅很多。

小孙平时总爱喝两口酒，喝多了就爱闹事，了解他的人知道他有这一缺点，一般也就不会跟他计较了。

这一天，他们单位来了一个新同事小王。小王是一个严谨而木讷的小伙子，平时也不怎么爱说话。一次偶然的机会，单位里几个同事又聚在一起吃饭，当时餐桌上就有小孙和小王。

吃饭自然离不开喝酒，喝着喝着小孙就喝多了。于是，在酒桌上闹起来，小孙非得让小王跟他一起喝，还说了一些要挟小王的话。没想到小王性格也刚烈，坚持不喝。已经喝多的小孙可不管那一套，还是骂骂咧咧，小王愤然离席。

事后，小孙懊悔不已，委托两人都熟悉的一个同事去说和，但小王就是不接受他的道歉。可是小王与小孙同属一个部门，平时性格开朗的小孙因为这个矛盾倍感不快，却又没有办法破解。

这一天早上，小王接到一个电话后，面色焦急。小孙仔细听了听，好像是小王的妻子突然有了早产的征兆。小孙知道小王刚刚买房不久，自己没车。

于是，他赶紧凑上前去关切地问小王："小王，妻子要生了是吗？"小王一看小孙面带关切，并无恶意，也就点了点头。"别着急，我开车送你，你先收拾东西吧，我现在跟领导请个假去。"

经过这件事，两人自然成了好朋友。小王逢人便说小孙为人侠义、热情，在年底的岗位竞选活动中，小王还投给了小孙非常关键的一票。

虽然人情有的时候不是那么容易就被人欠的，但是找对方法，伺机而为，就会有机会。

在人际沟通的过程中，如何"破冰"其实并没有一定之规，对话的双方要根据具体的时间、地点、对象的心理特点，以及造成冷场的原因，采取不同的应对方法和策略。

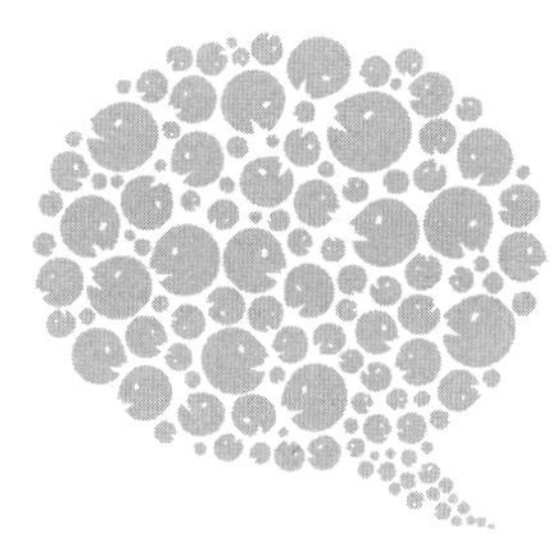

02

魅力演说，脱稿为王

演说，或者说当众讲话是一项非常重要、非常实用的能力，一个人要想很好地适应社会，纵横职场，除了过硬的专业技能之外，必须学会演说，尤其是脱稿演说，即兴表达。

一直以来我们信奉行胜于言的原则，即少说多做，夹着尾巴做人。但在全球经济一体化的今天，良好的表达能更好地与人沟通，更能抓住机会。学会演说，尤其是脱稿演说势在必行。

演说的三重境界

王国维在他的著作《人间词话》中，提出了关于辞赋艺术鉴赏和艺术创作的三重境界，即："词以境界为最上。有境界则自成高格，自有名句。""境非独谓景物也，喜怒哀乐，亦人心中之一境界。故能写真景物、真感情者，谓之有境界。否则谓之无境界。"意思是说有境界的作品，如果想表达情感，必然可以让人心生感动，极富有感染力量；如果描写景观，必然能够让人耳目一新。同理，演讲也如此，有境界的演讲情真意切，不仅可以传情达意，传播思想，还可指点江山，抚恤万民，展现人格魅力，点亮听众心灵的灯。

据此，我把演讲也分为三重境界：第一重境界，"昨夜西风凋碧树，独上高楼，望尽天涯路。"有我之境也，引申到演讲中则是用口；第二重境界，“衣带渐宽终不悔，为伊消得人憔悴。”无我之境，演讲中不仅用口，而且要用心，这就是我一直以来提倡的“我口说我心”；第三重境界，“众里寻他千百度，蓦然回首，那人却在，灯火阑珊处。”这是演讲的最高境界——我中有你，你中有我，演讲者与听众完全融合在一起。演说者是在用生命去演说，去表达。

1. 用口演说

什么叫用口？这是演说的基本境界，说出来的话能够表情达意，基本能够让现场的听众或者在座的人员听懂你要表达的主题。这层境界，稍加练习，普通人便可达到。只要能够克服怯场等不利因素，敢于在人前表达出你的主述主题，并且语言流畅，表现自如，便算得上是用口演说。

2. 用心演说

我在《领导者语言艺术训练》一书中曾经这样定义演说这个概念：演，指投入；说，指叙述。投入地叙述一件事就叫演说。所谓的“我口说我心”，其实就是强调演讲者脑子里要有画面感，整个演说就像一幅幅画面衔接起来的电影。

一直以来，在各种演说活动中，我都在强调演说的一个观点——我口说我心，即任何时候都要真实地表达自己。北京卫视《我是演说家》栏目中有个叫刘媛媛的女孩脱颖而出。有一次我观看了她的演说，我发现她的演说技巧一般，但是她一直坚持着“我口说我心”。也正是她的真实，为她赢得了观众的掌声和信赖，也为她赢得了不错的名次。

3. 用生命演说

用生命演说就是要做到人神合一，达到忘我的境界。失去自我的同时，你也就与听众完全融合到了一起。北京卫视《我是演说家》栏目中的一个女孩——董丽娜，她是一个盲人，也是一个语言艺术工作者，她就是用生命在演说。她有一个演说主题叫《别把梦想逼上绝路》，在演说的过程中，她全然忘记了自己是谁，仿佛是在说别人的故事，她只是故事中的一个过客，一个坐在现场的听众。

当然，各位读者朋友们不必非要做到用生命去演说，毕竟你们并非把演说作为一种赖以生存的手段。你们只须做到：每当需要你们站在舞台中央，或者必须站出来发表一段演说的时候，能够“我口说我心”就可以了。

经常有人问我：“李老师，您演讲了那么多场，哪场最精彩？”我总是回答说：“下一场！”当一个人认真从事自己热爱的工作和事业的时候，就容易成功。用心去讲话，用心去学习，用心对人、对己、对社会。这也是我们常说的，热爱是最好的老师，一流的状态就会有一流的业绩。

克服怯场的三条金律

学习如何演讲与学习任何其他技巧一样，都是在不断地尝试和失误中逐渐进步的，因此勇敢地迈出第一步才是关键所在。只有迈好了这一步，你才有可能体验由此带给你的各种感受，愉快、美好的感受才能一步步替代紧张、恐慌的怯惧感。“不懂得提起，就不会明白放下；想放下什么，要懂得提起什么。”那么，要想放下恐惧，就先提起勇敢；要想放下面子，就先提起荣誉；要想放下怯场，就要提起行动，勇敢地迈出第一步！

1. 克服怯场金律一：我怯场，我认同

学会认同自己，大大方方地向别人说出你的紧张，也是有效避免怯场，缓解临场压力的一种方法。与人初次会面，或欲起身说话、演讲时，必有某种程度的不安状态。此时心中的不安，对于任何人而言都属自然，引以为耻是完全没有必要的。美国口才大师詹宁斯·伯瑞安初次上台演说时两个膝盖颤抖得碰在一起；美国讽刺作家马克·吐温第一次当众朗诵时口中像塞满了棉花；印度前总理英迪拉·甘地初次发表演说时“不是在讲话，而是在尖叫”；古罗马雄辩家西塞罗开始演讲时脸色苍白，四肢和整个心灵都在颤抖；被喻为 20 世纪八大演说家之一的英国前首相温斯顿·丘吉尔开始演说时心窝里似乎塞着一块厚厚的冰疙瘩。怯场人人都有，只是那些成功的口才艺术大师经常上场演说，拥有几分克服怯场的经验，使怯场影响缩小到最低程度，不至于外露而已。

2. 克服怯场金律二：有备无患

应付任何事件都应像知道新年即将来临，须里里外外打点一番一样，演讲、座谈之前，充分的准备才会让人有成竹在胸的大胆。要知道愈是困难的问题，愈容易治疗你自身羞怯的毛病，因为当你知道要讨论的问题自己知道得比别人多时，必然会有一种骄傲情绪充盈胸膛。一位演说顾问曾评估说，充分的备战可以消除 75% 的怯场感。试想，当演说比赛到来的时候，你有一个很好的已备

演说题目，并已把它研究得非常透彻；经过反反复复的撰写和修改，你的演说稿如今已像一颗精心打磨的宝石一样光彩熠目；并且你已经练习过太多遍，可以流利、充满感情地表达出来，同时伴有很好的眼神交流。在这种情况下，你又怎能不对自己的成功充满信心呢？

3. 克服怯场的三不金律：不消积、不恐惧、不欺骗

吸引力法则告诉我们，每个人都是一部功率强大的发射机，你发射什么样的信号，整个宇宙就回馈给你什么样的信号，也就是说你想什么就会得到什么。我们都有学习骑自行车的体验，当初你在路上练车的时候，虽然面对的可能是一条宽阔的马路，而且路上就你一个人在骑车，你还是不由自主地紧张，心里想着千万不要碰到什么人。这时候你突然发现从对面走过来一个老人，于是就更加紧张，此刻你的想法是：千万不要撞到她！而且在心里一遍遍地重复这一内容。然而事情就这么发生了，你一不留神就撞到老人身上。这件事情告诉我们吸引力法则中的一条定律：当我们个人的意念太过集中时，必然会形成一股强大的能量，以至于我们期望不要发生的场景在生活中真实地发生了。

美国参议员Tom小时长得非常瘦小，看起来弱不禁风。为此，他很苦恼。但他的母亲经常鼓励他："病弱的身体可能会一辈子跟着你，所以你要用头脑来取胜啊！好好努力吧！会成功的！"

在母亲的不断鼓励下，慢慢地，小Tom越来越自信，上大学后，他受命参加一次演讲比赛，结果他取得了第一名。

通过这次演讲比赛，他成功开启了人生的幸福之门。

所以，如果我们坚定自己能做成某件事的信念，就极有可能会取得优异的成绩。尽管有时候这件事没有最终达成，然而我们会发现，我们从过程中获得的收益已经远远超过最初的目标设定。从另一个角度讲，如果你总是预测注定的失败和灾难，几乎永远会得到这样的结果，演说尤其如此。因此，那些否定自己的演说者比那些肯定自己的演说者更容易被怯场情绪击败。

要知道，当我们没有充分准备而突然被指名发言时，一味的紧张也是于事无补的。此时你要明白，你的下一步行动是站起来发言或者迈向讲台进行演说，因此不妨缓口气，做个深呼吸，让自己的身体、心理得以舒展，把压力排解出去。然后“慢条斯理”地道出你想说的部分。如此一来，尽管你心中仍有恐惧之感，但听众却已是无法察觉。因此，“不消极，不恐惧，深呼吸，走上去”是我们克服怯场、临场不恐惧的不二法门。

不惧怕座上听众，并不表示可以有恃无恐，以不实的资料或陈腔滥调胡扯一通，这样必然遭人嫌恶。演说是一种以思想、理性和激情感染需要健康人格、健全人格、高尚人格的人，因此对于演说者素质的要求也相应很高，其中重要的一点就是演说者本人要具有相当高尚的品德才有可能征服听众、打动人心、激励他人，发挥演说应有的作用。一个思想狭隘、目光短浅，为了蝇头小利出卖自己、欺骗听众的人是没有资格登上演讲台的。因此，任何时候我们都应心胸坦荡、光明磊落，心底无私才会天地宽广。

演说必备的五大绝招

要想取得好的演说效果，前期的准备非常重要。演说没有准备，相当于军人不带子弹上战场，这时的情况紧急及压力不言而喻。很多人被大家公认演说口才好，其实他也许在台下准备过无数次没有发表的演说，也许研究过类似的资料，抑或是几十年如一日地坚持和积累出的讲台经验。那么，面对一场演说，在登台之前我们需要做哪些准备工作，才算得上是有备而来？

1. 树立良好的演说艺术观

演说不仅仅是口才，严格意义上说，它是一门艺术，是演说者展示自己的窗口，是听众对演说者直观的了解过程。可以使现场的人们通过演说这一过程体验演说者的风采，从而很好地与其他同类型的人才或者他的竞争对手做出比对。此外，听众还可以通过演说者的现场演说了解其思想、观点及主张，确认其是否与自己的价值观吻合。在2008年的美国大选中，作为后起之秀的民主党候选人奥巴马之所以能够战胜老资格的政治家希拉里，他杰出的口才功不可没。

在演说之前梳理并形成一定的演说艺术观是非常有必要的。那么，应当树立一个怎样的演说艺术观，才能让演说者在演说中发挥最大的能量呢？以下是我根据多年的演说生涯梳理、总结出来的演说观念，在此与各位分享。

应当树立什么样的演说艺术观

少说批评的话，批评只是一种阻力；多说鼓励的话，鼓励才是基本功。

少说抱怨的话，抱怨只会带来记恨；多说宽容的话，宽容才会增进了解。

少说拒绝的话，拒绝只会形成陌路；多说关怀的话，关怀才能获得友谊。

少说讽刺的话，讽刺显得轻视卑微；多说尊重的话，尊重才能激起同理心。

少说命令的话，命令只是强行接受；多说商量的话，商量才能让人参与并积极体验。

2. 做好心态调适

做好心态调适，以积极乐观的心态应对演说。在此，我先给大家分享一副对联：

上联：心态好事业成不成也成
下联：心态坏事业败不败也败
横批：成败在你

那么，运用到演说过程中则是：

上联：心态好演说成不成也成
下联：心态坏演说败不败也败
横批：成败在你

是的，心态对了，其他的一切都不是问题。美国著名心理学家威廉·詹姆斯说过："行动好像是紧随于感觉之后产生的，但事实上它是与感觉并行的。行动受意念的控制，通过意念控制行动。我们可以间接地控制感觉，但感觉却不受意念的直接控制。"因此，在演说之前调适好自己的心态非常重要。

同时，威廉·詹姆斯还给出了如何让自己快乐、自信起来的方法，他说："假如我们失去了原有的快乐，那么，让你变得快乐的最佳方法，就是快快乐乐地坐下来，让自己表现得本来就很快乐的样子。如果这种方法还不能让你觉得快乐，那就没有别的办法了。所以，让自己感觉自己很勇敢，而且表现得好像真的很勇敢，并竭力运用你所有的意念去达到这个目标，那么勇气就很可能取代恐惧。"

3. 个人魅力五个一

什么叫个人魅力五个一？大家知道，文化部、中宣部每年都会推出"五个一工程奖"。就是每年从上一年度的作品中评选出一部好的理论著作、一部好的电视剧、一部好的电影、一部好的图书（文艺类）和一部好的戏剧作品，用最好的精神产品鼓舞人、教育人，使人民从中汲取营养，做高素质的中国公民。借鉴这个政策，从2000年以来，我推出了"个人魅力五个一"的观点，来丰富每个个人的人文素养和魅力。哪五个呢？一首诗、一首歌、一个故事、一个笑话、一副对联。其实仔细盘点一下，你就是一个有魅力的人，你有很多的智慧，你会唱歌，你会跳舞，你会朗诵，你工作上很出色等，有无数的闪光点。每个人都有自己的特点，因此，"个人魅力五个一"旨在告诉大家：学会聚焦式学习，学会聚焦。

按照"个人魅力五个一"中提示的一首歌、一首诗、一个故事、一个笑话、一副对联的模式去准备、去积累。时光在流逝，而你将自然而然地散发出独特的魅力。大家知道，学习是一个过程，然而，“学”与“习”却是两个不同的阶段。比如说，我们集中在一起听课，叫“学”。我们将“学”到的内容在生活和工作中成千上万次地去实践、去练习，并把这些东西融入自己的血脉中，以便随时随地转化为生产力，这个过程是“习”。所以，在学习过程中最重要的动作是“习”。

4. 形成自己独特的演说风格

没有人喜欢千篇一律的程序化演说风格，因此要形成自己的演说风格，并努力尝试把自己最精彩的一面展示给听众。Be yourself，everyone else is already taken。（做自己，其他的角色已经有人在演了。）是的，世界上没有完全相同的两个人，大家都有自己的个性和特点，也正是这些不同才组成了这多姿多彩的世界。一场能够打动人心的演说，绝不是被程式化了的演说。我们应该努力挖掘自己独特的个性特质，并善于把它表达出来，形成自己独有的演说风格，塑造自己鲜明的形象特征，才易于被人们接受和认可。

然而很多时候，我们是不了解自己的。因此，便无从判定和确定自己到底该走何种路线。其实，最初练习时不妨找一些与自己气质、习性相近的名人的演说视频，反复观看，勤于总结，并适当地加以模仿。要知道人类主要通过模仿获取知识。如果这种演说方式让自己舒服，就可以在这种风格中不断融入自己的个性和特质，从而形成自己的风格。

个人演说风格的形成是一个自然而长期的过程，并非一蹴而就，需要长期的坚持和不断的练习。其实任何一件事情都是如此，只有持续不断的练习才能达成目标。此外，切忌为了追求所谓的独特风格而刻意表演，其结果只能适得其反。

5. 九篇习作确保基本能量

为什么不是十篇也不是八篇，而是九篇习作呢？大家知道中华文明五千年，源远流长，博大精深。我们都听说过一个词——“九五之尊”，它代表的是古代帝王之位。那么，为什么历代君王要用“九五之尊”来代指自己的尊贵呢？这是因为中国古代把数字分为阳数和阴数，奇数为阳，偶数为阴。阳数中“九”为最高，“五”居正中，因而以“九”和“五”象征帝王的权威，称之为“九五之尊”。清朝皇帝的龙袍绣九条金龙，而从正面或背面单独看时，所见都是五条（两肩之龙前后都能看到），与“九五”之数也正好吻合。可见，“九”“五”两个数字寓意深刻，有着至高无上的象征意义。在这里，“九”取多之意，也就是说如果要让自己的演说更具魅力，必须通过多读书提高自己的文学素养。

此外，“九”之所以被人们推崇，还有一个原因存在于中国传统文化中，“十”是满盈之数，所谓“物极必反，盛极必衰”。所以，谨慎起见，取“九”有“百尺竿头，更进一步”之意，寓示着万事永远呈上升趋势。无论何时，保持谦虚开放的心态，才能源源不断地汲取各种新鲜能量，不断地充实自己。最终才能让自己的演说“九九归一”，圆满收官。

写好演说稿

演说稿是演说的依据。演说稿能够帮助演说者确定演说的目的和主题、梳理演说思路、提示演说内容、把握演说节奏、限定演说时速、斟酌演说用语、提高语言表达能力，以及促进演说稿写作的研究等。此外，一篇好的演说稿，在一定程度上，也缓解了演说者现场演说的压力。如何写好演说稿，对于一场演说而言，意义重大。

1. 确定主题，了解对象

演说是演说者讲给听众听的，因此，写演说稿首先要了解听众对象：了解他们的思想状况、文化程度、职业状况，以及他们所关心和迫切需要解决的问题是什么。否则，不看对象，演说稿写得再生动，说得再动听，也不会真正打动人心。

2. 观点鲜明，独树一帜

一篇好的演说稿一定是观点非常鲜明的，它显示着演说者对人、事物的理性认识，显示着演说者对客观事物见解的透彻程度，给人以可信赖感。否则，演说稿就因缺乏说服力，使演说失去了作用。

3. 盘点自身，组织材料

组织材料也是一项细致又具创造性的工作。人常说讲道理不如讲故事，讲伟人的故事不如讲身边人的故事，讲身边人的故事则不如讲自己的故事。你的现身说法对别人更具说服力。

你可以根据自己的经历进行盘点、分类，之后再进行统筹安排，犹如打造一个有许多抽屉的柜子。我把自己的经历进行盘点和梳理：一个农村青年，高中毕业以后当兵，然后再上学，然后在北京工作，转业之后当记者，后来经营文化公司，在大学教语言，等等。我把这些经历分为几个阶段，任何一个阶段都可以找几个代表事件。于是，我列了一个长长的单子，然后对照这个单子进行分类。有的故事跟“微笑”相关，我就把它分到名字叫作“微笑”的“抽屉”里；有的故事跟“热情”相关，我就把它分到名字叫“热情”的“抽屉”里；有的故事跟“人情”相关，我就把它分到名字叫“人情”的抽屉里等。然后把所有的抽屉关上，材料形成。这也是我一直提倡的关于演说稿写作的一个技巧——柜子原理。认真去体会这个原理，你就会发现按此去写稿讲话，层次感就出来了。

同时，我要强调，抽屉不仅可以打得开，还要能够关上。如果有段经历你不喜欢，那就把它清空；对于自己心里特别清楚又特别有感觉的那部分，你可以讲得多一点，写得多一点。

其实，人类的大脑是需要不断整理的。只有这样才能时刻让它保持清醒和空灵。现如今，人们疲于奔命，需要接触方方面面的人、事、物。久而久之，大脑里的信息纷繁庞杂，很难理出头绪。所以，我们平时一定要注意思考，学会清空自己大脑中的信息，这样才会使思绪清晰，工作效率得以提高。我一直强调，演说的技巧其实适用于生活、工作、学习的方方面面。

4. 语言流畅，深刻风趣

演说者要把头脑里构思的一切都写出来或说出来，让人们看得见、听得到，就必须借助语言这个交流思想的工具。因此，语言运用得好还是差，对写作演说稿影响极大。要提高演说稿的质量，不能不在语言的运用上下一番功夫。在语言的使用上，要尽量口语化，要上口入耳，这是对演说稿的基本要求。同时，要通俗易懂、生动感人。如果只是思想内容好，而语言干巴巴，味同嚼蜡，这样的演说也是无法打动现场听众的。

5. 处处留心，咀嚼背诵

处处留心，咀嚼背诵，也就是说能够背诵一些好的诗词作品，把一些好东西，彻底咀嚼，变成自己的。我在前文曾经提到过“个人魅力五个一”观点，就是想告诉大家，学会积累。今天有“五个一”，明天就有“六个一”“十个一”，哪天积累到“五百个一”，你走到任何一个地方都会有话可说。要不断地积累，处处留心，咀嚼背诵，才能提高自己的文采和文学修养。

有一年我去长沙，在五一广场溜达，发现一句话：给长沙一个世界的高度！我立即觉得长沙人了不得，就这一句话立刻提升了整个城市的水准。在此借这句话送给有幸读到此书的每一位读者：“给自己一个世界的高度！”是不是立刻觉得自己的眼光放远了，心胸开阔了呢？

所谓“处处留心，咀嚼背诵”，无非是让我们平时生活得更加细心、精致，只要看到好东西，一定要把它存到自己的脑海里。学习是一辈子的事，要活到老学到老。不过，我也不主张一味地死学习，我一般建议本科毕业后不一定要马上读研、读博，可以先找份工作在社会上摸爬滚打，总结一些经验，确定方向之后，再根据需要有针对性地去学，去深入地钻研。

中国教育在改革，中国社会一定会逐渐地从学历崇拜走向能力崇拜。

今天中国市场如此巨大，谁也不想、谁也不能失去中国市场。这不是夜郎自大，不是闭门造车，而是别人真真正正在盯着我们的市场，因此我们不能老做邯郸学步的事。就像作家韩寒说的那样："今天的中国，英语热过了头，在某大学校园，很多学生在练英语口语，闭眼听仿佛在牛津，睁眼看原来是天津。"

人要有自己的主见，要思考着前行。一个人不论到哪里，都不能忘了自己的根，永远不能忘却自我。否则，就会别人的本领没有学会，还把自己的本领给忘了。

处处留心，咀嚼背诵，就是要我们时刻把一些好的、小的、隽永的东西编号记忆，看到"一"，就想到"一"对应的那首诗、那个典故、那篇文章；看到两个人在走路或者两只狗在打架，就想到二号资料。只要你学会牵引和对接记忆，并不断地去演练，就一定会变得文采飞扬。

脱稿演说，精彩绽放

2012 年，新一届中央领导集体亮相。同年 12 月 4 日，中共中央政治局召开会议，会议一致同意关于改进工作作风、密切联系群众的八项规定，其中第二条规定是：要精简会议活动，切实改进会风；提高会议实效，开短会、讲短话，力戒空话、套话……

在其后半个多月的时间里，中央领导同志带头脱稿讲话，倡导脱稿讲话，要求开会"不要念稿子"。

尽管脱稿演说的要求由来已久，但是中央领导如此明确、密集地反复强调，却是为数不多，可见脱稿演讲在今日的重要性和意义。会不会讲话，能否讲好话，不仅关乎组织和个人形象，更影响着个人的事业发展与前途。

1. 提高记忆有方，勤加练习是正道

演说稿写好之后，首先需要熟练背诵。背诵演说稿是一件非常苦闷的差事，需要下苦功。俗话说："台上一分钟，台下十年功。"说的便是这个道理。背诵演说稿究竟有没有捷径？这个真没有！不过，掌握一定的方法倒是可以节省一些时间。经过这些年的演说实践，我总结了一套简单易行的记忆法——长文记忆法，并把它总结为一句顺口溜：通读三遍定小题，小题之间找联系，一段一段往下记，这篇文章成我的。

1）通读三遍定小题

写好的演说稿，先通读三遍，然后闭上眼睛用心去体会这篇演说稿带给你的各种感受，从中体会它的美好。越想你会对它越满意，越想越有一种要将它通篇背诵的欲望。如此一来，对于整篇文稿你就有了全局的把握。

接下来，把演说稿进行分段，从每个段落开头或者每个段落中截取关键词作为小段题名，强化记忆。

2）小题之间找联系

以演说稿的主题为统领，并带出小题，从中寻找它们之间的关联性、必然性。

3）一段一段往下记

通过关键词题名的提炼，已经将每段的内容进行了聚焦，这时可以各个击破了。将演说稿一段一段地背诵下来，再根据前面进行的关联，整篇文章在你的脑海中就形成了一个基本框架。

4）这篇文章成我的

按照上述的步骤进行，只需要多加练习，让这些文字先进入你的心里，然后就会通过你的嘴把它们“吐”出来。刚一开始，感觉不熟练，不像自己的东西，经过多次练习，越说会越觉得这就是属于自己最精彩的演说稿。

2. 做个好的开头，一分钟打动人心

无疑，“好的开始是成功的一半”，演说者的几句开场白，往往能给台下的听众一种感觉：是生疏还是亲切，是高傲还是谦和，是矜持还是洒脱，等等，所以抓住上台后那一分钟至关重要。有的演说者一上台就向听众道歉，用自己不会讲话之类的词自谦一番，实在是一种陋习。叶圣陶先生举过一个例子，一位演说者屁股没坐稳就来一套，说：“今天本来没有什么准备，实在是没有什么说的。”叶先生说：“谁都明白，这其实是谦虚。”

其实，演说者这种“自谦”并非一定出自本心，不过是遵循了开场客套的陈规，难怪有人一听到这样的开头，认为再讲下去的都是废话了。有人说，演说开始五秒钟之内就要获得听众的注意力。当然，要一直保持这种吸引力是很不容易的。但是，如果一开始不能把听众的兴趣调动起来，其后演说者则需要付出更大的努力才能把听众的兴趣调动起来。

那么，如何才能让每一场演说都有一个精彩的开头呢？我总结了八个字，叫作“百花齐放，因地制宜”。也就是说，面对不同的听众，不同的现场环境，要说不同的话，做到“见到秀才说书，见到屠夫说猪”的灵活。

有一次在国际饭店举办活动，主持人提出希望我与大家分享一堂课。当时我在电视台从事导演工作，我站到台上说：“各位好，我是搞导演工作的，导演过很多作品……”想一想，这几句话说出去会产生什么效果？肯定有些人心里就开始想了，难道你比张艺谋还厉害！但是接下我说：“回想自己十多年的导演经历，我虽然导过很多作品，但是没有一部可以说得出来，能给大家留下印象的……”大家听到这里又会感觉这个人还算谦虚。于是接下来我便说：“因此，总结自己的导演工作，充其量也就是个一流导演，三流是够不上的。”于是，现场人员听到这里哈哈大笑，心里想着此人还算得上幽默。我继续说：“各位，今天既来之则安之，接下来给我四十分钟的时间，我给大家介绍一个新的东西。你可以不参与，但不要拒绝了解。”这些话每一句都能走进人们的心里。其实我是想告诉大家一上台要抓场，几句话就让现场的听众跟着你的思路走，这一点很重要。

再给大家举个例子，有一次我应邀到某区的一家企业给下岗工人讲课。工人们都要下岗了，没饭吃了，哪里肯听你的吆喝。工会主席越是声嘶力竭地制止，工人们的反应就越大，甚至有人开始骂娘了。我当时在现场看到这种情况，感觉到工会主席可能搞不掂，于是，我立即走上台去跟工会主席耳语：“您可以下去了。”工会主席认为我是他们请来的嘉宾，担心我控不了场，徒生尴尬。我又跟他强调了一次，他才一步三回头不放心地看着我走下了台。

我利用“态势语”的优势（后面我将提到什么叫态势语），手势放得很开，嘴巴张得也很大，眉飞色舞，用表情配合着动作，表现的内容非常丰富，但是我不发出声音。于是，下面的工人看到我一劲儿地比画，而且好像讲得很起劲儿的样子，但是听不到声音，他们感到很奇怪，混乱的场面不需要控制便渐渐地安静了下来。

这个时候我才开始真正地演讲：“各位好，我是李真顺，我也不是什么了不起的人物，我也有亲人，我的哥哥、姐姐也下岗了，没什么事做了，但是生活还是要继续。也许我们觉得半辈子跟着党走，这样一来，仿佛是政府要抛弃我们了，因此心里委屈、不舒服。各位，我们自己思考一下，真的是这样吗？面对实际问题，请永远记住党是我们的党，政府是我们的政府，她会考虑我们的处境，会为大家做主的。今天之所以开这样一个会，就是要解决在座的各位朋友的问题，一个小时之后，如果还没有解决问题，我们再嚷嚷不迟，好吗？那么，有请工会主席！”

还是那句话，说话办事，只有站在对方的立场上，才会有效果。随时随地，面对不同的人要用不同的开场，也就是老百姓常说的“到什么山头唱什么歌，见什么人说什么话”。很多时候，我们往往写了一篇很精彩的演说稿，有一个无与伦比的开头，但是，由于演说常常受到现场氛围的影响，原来设计的开场白在当下的场景并不适用，那么不妨大胆地根据现场情况即景即情，拟一段即兴的开场白。把演说的内容与现场气氛紧密联系在一起，更能引起听众强烈的共鸣。

高尔基在参加苏联作协会议时，看到大家长时间地为他鼓掌和欢呼，他临时改变了原来的发言，即兴说：“如果把花在鼓掌上的全部时间计算起来，时间就浪费得太多了。”此话一出，台下笑声一片。

这样的开场白一下子拉近了高尔基和现场听众的距离，大家倍感亲切，同时也很好地表现了高尔基谦逊和幽默的一面。

3. 养成有效表达的思维方式

无论你是做什么工作的，首先要有一个好的思路。在生活和工作中我们经常碰到这样的人——翻来覆去地讲，就是没人明白他说的是什么。这跟他的口才无关，而是他的脑袋出了问题，说白了是他的思路跟不上。所以，要想说得好，就要想得好。有一句话叫“思路对了头，一步一层楼；思路不对头，步步栽跟头”。想都想错了，越努力得到的结果反而越糟糕，因为你在背道而驰。

1）逆向倒转思维法

逆向倒转，顾名思义就是面对问题，反转过来想一想，看看能不能化褒为贬，化贬为褒；化正面为反面，化反面为正面。反过来想一想，找到自己谈话的切入点，或者解决问题的办法。

我们经常看到一些老总批评年轻人："小张啊，我看你这个人就是这山望着那山高。"在这样一个语言环境里，如果不想反驳就算了，"头儿，您说得对，谢谢您的指点。我以后会注意，谢谢！"

如果你还想趁着表达自己观点的同时有所表现，那该如何回答呢？不妨运用逆向倒转思维法，"头儿，您说得对，我刚毕业，想法是多一些。但也不见得是坏事，如果在我们机关（或者在我们公司）每个人都有创新思维的话，我想局面一定会不一样。头儿，您看，以前我们说的现代化指的是楼上楼下电灯电话。看看今天，神舟飞船一次次成功发射，还要建立空间站，向太空探索；大家看到奥运会上，包括残奥运动员，每个人都在不断地挑战自我，完善自我，一次次地刷新纪录。其实仔细想一想，社会的发展史就是靠那些不满足现状的人推动的，因此人类就需要有这山望着那山高的精神。"这就化贬为褒了。

完了以后你接着说："头儿，以后还请您多指点，说不定哪个想法就谈到点子上了，对我日后的工作会有所促进，谢谢您！"这样既谦虚又有深度，方向也非常明确。

2）追本溯源思维法

追本溯源，顾名思义就是往根上找一找。在生活中，多走一步会有多一步的收获，成功了有经验，失败了有教训，经验和教训都是财富。透过现象看本质，这就叫追本溯源思维法。人类有一个共同的特点就是懒惰，懒得思考。心理学上有一个观点，叫从众心理，用普通老百姓的话说就是"随大溜儿"，别人怎么做我就怎么做，很多人都在做邯郸学步的事情。

要想过得更好，有所成就，就得学会突破自我，有自己的想法，而且要有定力。知道自己要做什么，因为有时候出发太久了，会不知道要到哪里去，天天忙忙活活，也不知道在忙什么，到年底的时候，盘点一年的辛苦，才发现什么也没做，还累得够戗。因此，带着思考前行特别的重要。

说到对日本经济的看法，如果大家谈到的都是日本人很有钱，他们很富有，他们是经济强国，这未免太过肤浅。用追本溯源思维法我们来探讨这个话题，就要多问几个为什么。大家知道，日本是二战的战败国，二战之后的日本，提出了为了明天少生孩子政策。于是，日本的人口出生率陡然下降，人口素质明显提高。他们要求中学生、小学生课间的时候都喝一杯牛奶。有一次，在北京搞冬令营活动的时候，我发现有的日本孩子比中国同龄的孩子竟然高出半头。他们的耐受力、心理承受力也明显要比我们的孩子好得多。中国的孩子，在路上遇到问题，爷爷奶奶或者姥姥姥爷，或者爸爸妈妈就接走了，而日本的孩子克服了重重困难，最终抵达终点。根据这个现象，媒体也得出结论，“一杯牛奶强壮了一个民族”。而事实真的是这样吗？当然不是。利用追本溯源法我们发现，孩子的勇敢、坚持其实跟牛奶没有什么必然的联系，跟家庭教育有关系。

再看一个新闻报道——内蒙古煤产量第一次超过山西，我们自己很高兴地奔走相告，说我们地大物博、资源丰富等等。接下来不顾一切地在卖煤，通过秦皇岛港，把煤卖到了日本。而日本人买了我们的煤却去填海，那不是在浪费，他们是在囤积资源，因为几亿年才形成的煤层是不可再生的。随着能源危机的到来，在未来的日子里谁拥有资源，谁将笑到最后。发展要本着百年大计，要有战略眼光才可以。

3）纵横交错思维法

所谓纵横交错思维法，就是将所有的事情通过纵向或者横向剖析，换个角度看问题、思考问题。换个角度，不要事事一根筋，任何事情有利就有弊。

有一对年轻人在谈恋爱，小伙子跟女孩海誓山盟，“我爱你，以后我就是为你而生的，我就是要保护你的。你让我干什么，我就干什么”，两人如胶似漆。

有一天，这一对年轻人来电影院看电影。落座之后，女孩正在嗑瓜子的时候，前排坐进来一个男同胞，中年人，头发很少，头顶好像抹了好多药膏似的。女孩一看觉得很不舒服，下意识地就站起来要换位子，突然想到买票进来时候售票员说过要对号入座，于是只好又在自己的位子上坐下来。

但是，女孩心里面一直为这事感到不舒服，想起男朋友曾经对自己说过，为了她什么都可以做。她就示意男朋友说：“你不是说为了我什么都可以做吗？你把他打走。”小伙子用询问的目光看着他女朋友，女朋友就瞪他一眼，那眼神分明是在强调，你不是为了我什么都可以做吗?！小伙子一看，不敢含糊，灵光一闪，就照着那人的后脑勺打一下，然后故作惊奇地说："老曹，你也来看电影了！"那人回头一看根本不认识这小伙子，说："你认错人了吧？！"小伙子赶紧说："大哥，对不起！真对不起，认错人了。抱歉、抱歉、抱歉，非常抱歉！"那人一看小伙子认错态度好，就没理他。

女朋友一看那人根本没动，于是继续示意小伙子打他，小伙子只好上去又打了一下说："老曹，你干吗？都是朋友还装着不认识，干什么呀你！"说得自己还很委屈，好像那人很不地道，装不认识自己。那人也有点儿急了："我说过了我不是老曹。"就差掏身份证确认了。小伙子也不跟他吵，只是一味地道歉。

这时候电影开始了，公众场合要顾全大局，于是女孩也没再继续由着性子胡闹，两人安静地看电影。尽管人也打了，可是人家还是没走，女孩的气还是没消。

电影散场以后，这对年轻人在前面退席，刚才在他们前面的那位"老曹"也在前面走着，女孩越想越觉得郁闷。于是又示意小伙子还得打那人一次替自己解气。

小伙子不太愿意再冒险了，但经不起女朋友在那儿一个劲儿的撒娇，爱情的力量是巨大的，小伙子觉得考验自己的时候到了。他三步并作两步，追上那人又是一巴掌，在手落下的同时大声说道，语气里尽是责备："老曹，你在这儿呢，我在里头认错两回人了！"那人一看又是这个小伙子，也郁闷得很。"哎呀，大哥，怎么还是您？！真抱歉，您打我一顿吧！"

讲一个小时的大道理，不如讲十分钟的故事让人感悟更深，其实我是想用这个故事告诉大家，只要肯动脑，办法总比困难多。当山不能向你走来的时候，你就向山走去，同样是在缩短距离。

4）攻其一点思维法

攻其一点思维法，就是当大的问题驾驭不住的时候，把问题引导到自己熟悉的领域，从一个小的切入点谈深谈透。如此，同样可以赢得喝彩。

有一天，我回家特别早，于是就在客厅看电视，正好看见北京电视台的一个随机采访：在菜市场的门口，一个大妈拎着塑料袋，刚买完鸡蛋就要往外走。这时候女记者立即走上前去，“大妈，您好！我是电视台的记者，我想请您谈一谈北京申奥成功，您觉得对北京的市政建设及国民经济会有怎样的影响？”

这问题问得太大了，老太太被问得一头雾水，“闺女，你说什么？”这时，有个人跟着解释道：“大妈，请您谈一谈北京申奥成功，您觉得对北京的市政建设及国民经济会有怎样的影响？”看到这里我这火就往上冒，心想怎么还是这样的一个问题，这记者也太不合格了。

我就耐着性子往下看，就是想看看面对这么大的一个问题，老太太怎么回答他们。后来我发现，这不是记者不合格，而是北京电视台用心良苦，人家就是想反映北京市民，即使随便一个买鸡蛋的老太太，谈话都那么有水准。

老太太说：“闺女，你说的这个问题，我不太懂。我是卖煎饼果子的，现在有十几个摊位。北京申奥成功，我特别高兴，和全国人民一样高兴。大妈也有个理想，我要在2008年之前，让我的煎饼摊在北京的东城、西城、海淀、丰台、石景山……”老太太数了很多地方，最后她说：“在离鸟巢不远的地方，也有咱们的一个摊位。现在有很多中学生，买咱们的煎饼果子当早餐吃呢。我现在买鸡蛋都特在意……”

说着老太太把塑料袋放地上，拿起一个鸡蛋接着对记者说：“闺女，你看这个鸡蛋这么大个儿，据说都是吃饲料的鸡生的蛋，没有营养，我们买的鸡蛋，都是草原上吃蚂蚱的鸡生的蛋。我现在招的女孩子们，就是服务员，我给她们每个人都配发了白大褂，我要求她们每个月检查一次身体。我就是想，到2008年的时候，我的摊位能够分布很广，我的产品质量更有保障，我的服务能跟得上，让外国的观光团、运动员也来买咱们的煎饼果子吃。每个人吃了以后，都有好的体力，取得好的成绩，都能当冠军！闺女，我不会讲话，我就想我们每个人把自己的事做好就好了，刚才你说的市政建设、国民经济，可能就好了……”老太太双手一伸，画面定格，采访结束。

这个故事给大家一个朴素的观念——“我口说我心”。讲话其实就是“我口说我心”的过程。因为在一个单位待久了，很容易在讲话的时候不自觉地就“穿靴戴帽”，讲着讲着就讲大、讲空了，要么就是把别人嚼过的馍，又嚼了一遍。

现在是一个知识爆炸的时代，我们不可能什么都知道，不可能每个领域的知识都去学习。但是，要学习一项技能，就要认真地、一心一意地把它学成自己的专长，用这一专长去回报家人、回报社会、回报自己。

4. 巧借东风，用好态势语

伴随有声语言的表达，还存在一种依靠面部表情、手势和身体姿态动作来辅助表达思想感情的无声语言，我们称之为态势语，包括眼神、表情、手势、站姿等。大家在听演说的过程当中听到的叫有声语言，而看到的演说者的行为叫态势语。演说者站在讲台上，他当下的状态就叫“态”；“势”是趋势，也就是演说者要把大家带到哪里去，给大家什么样的收获，这叫“势”。

研究表明，有效传播中文字占 7%，声音占 38%，态势语占 55%。大多数人通过文字获得的信息量，过不了多久就会遗忘很多。你是否感觉通过广播电台听评书、相声、故事等要比通过看书记住的情节更多？这是因为声音在有效传播中占的比重更大。

态势语就是这样的语言，即使你听不清楚演说者在说什么，但是通过看到的演说者的状态，你就知道他在分享怎样精彩的一堂课程。

关于态势语，我们要记住以下原则：做开放式动作，除非特定内容，否则不做封闭式动作。那么什么是开放式动作呢？人人都喜欢与热情开朗的人打交道，不愿意和吞吞吐吐、藏着掖着的人交往。所以我们的手要举就举起来，要挥就挥出去，敞开胸怀，才能拥抱世界。但遗憾的是，这些年我们封闭太久了，常常做着那些封闭式动作。

1）眼神

眼睛是心灵的窗户，关于眼神，请永远记住，真情才是最好的文章。无论是站在讲台上还是与人交谈，都要有真情实感。关于如何与台下听众进行眼神交流，我教大家八个方法：前视、环视、仰视、点视、虚视、闭目、仰视、俯视。

表2-1　眼神交流八大法

方法		执行动作
1	前视	向自己的正前方注视，一般用于对现场的掌控
2	环视	关注自己的周围一圈
3	仰视	向后方较远的观众注视，引起后方观众注意
4	点视	你往某一点一看，如同射击一样点射
5	虚视	有时候上台面对这么多人心里难免紧张，这时其实你谁也没看，但是大家全在你心里，眼前是完全模糊的。这时你脑海中想的是自己的内容，去尽情地分享你的东西
6	闭目	情到深处人孤独，讲到一定程度这一幕让它翻过去。不想再提了，不再想起来，每当想到就觉得不好受。不要说了，闭上眼睛，就是要找到这种感觉
7	仰视	看蓝天深湛，云朵飘飘，我们抬头望去，如痴如醉，找到这样的一种感觉
8	俯视	见鬼去吧，一切反动派都是纸老虎，恨不能马上甩开赶走，找到这样一种感觉

2）表情

眼神要真挚，表情要自然，要喜怒不形于色。表情要与所讲的内容一致，要配合你的身体动作，要与现场气氛相融合。

3）手势

手势是所有的态势语中影响最广泛的。手势从肩到肘，再到腕、到掌、到指，根据演说的需要，幅度可大可小。没有手势，整个演讲都会黯然失色。

手势的运用技巧

场面大手势大，场面小手势小；

肩发力表示力量，肘发力表示亲切；

手势应该停留足够长的时间；

在脑子里储存三五个常用手势；

所有手势均要自然协调。

手势分三个区位：肩部以上，即超过肩部这个高度的叫上区；肩腹之间为中区；腹部以下称为下区。上区表示号召，与那些积极的、倡导性的语言配合；中区表示叙述；下区表示鄙视。

结合手势区位，练一练

一只手手心向上——上区

看那美丽的桃花，开得多热闹，美好、成功、幸福的生活，是人心所向。

两只手手心向上——中区

在这里我要宣布一个好消息，我的学生文静马上就要结婚了，让我们点起篝火载歌载舞吧。

两只手手心向上——下区

他自己不争气，我们又有什么办法？

仁慈的人大声疾呼：“和平！和平！”但是没有和平。

4）站姿

我们一贯倡导，站有站相，坐有坐相；站如松，坐如钟，卧如弓，行如风；站姿要稳，双脚与肩同宽，手自然下垂，身体前倾；也可以来回走动，但要记住脚下要有根，脚下无根，就会给人轻浮的感觉。

态势语与写文章一样，没有一定之规，掌握一个基本原则——一切只做开放式的动作。为了更好地理解和运用态势语，我编了一个口诀便于大家理解和记忆：

态势语运用口诀

直面听从表陈述，侧位以视顾全部，
昂首动情发正言，低头思索复悲怜。
点头 YES 摇头 NO，眉眼姿态把心扣。
面部开合随心迹，手势动作应注意。
伸手前言表号召，拳头上举强有力。
脚步前移表希冀，后退暗含消极意。
文无定法文成立，态势语中无奥秘。

5. 语气、语调和语音，舌灿莲花离不了

语言一旦没有了语气、语调，就会变得平淡甚至索然无味，语调能够让语言生动、鲜活。在日常的谈话中，语调往往能传递很多信息，传达说话人的感情，让说话人的语言更能入心。有时候即使语言不通，我们也可以通过演讲者在语气、语调上的变化来体会他的情感和心情。

有一次，波兰明星摩契斯卡夫人在美国演出，有观众希望她用自己的母语波兰语来为大家表演。于是她站起来，开

始用流畅的波兰语念出台词。她语调时而热情，时而慷慨激昂，最后到悲怆万分之时戛然而止，台下的观众鸦雀无声，与她一样沉浸在悲伤之中。此时，台下突然传来一个男人的爆笑声，原来他就是摩契斯卡夫人的丈夫。因为夫人只是在用波兰语背诵九九乘法表而已。

从这个故事中，我们可以看到，演讲者的语气、语调竟然有如此不可思议的魅力。即使不明白其意义，也可以使人感动，甚至可以完全控制对方的情绪。

当然，一场精彩的演说除了要把握好语气、语调之外，如果再加上一副好的嗓音那就再完美不过了。

很多人都有这样的体会，就是话说多了以后，声音开始干涩，声音嘶哑，这是因为：没有足够的气息支持，因此平时要注意常练习深呼吸；不懂得嗓子的保健及声带的按摩。那么，怎样才能让自己说出的话字正腔圆、富有感染力呢？我为大家总结了练习声音的七个步骤，闲暇之余大家可以用这个方法给自己的嗓子做做“按摩”。

1）利用发声原理练发声

大家知道声音是通过振动产生的，懂乐器的人应该知道，任何琴类乐器发声都需要具备三个条件：一是发声装置，二是外力装置，三是共鸣装置。以二胡为例，二胡的发声装置是弦，外力装置是弓子，而它的共鸣装置则是底部的琴筒。尽管不同材质的琴类乐器发出的音色不同，但这三个条件都缺一不可。

人类的发声系统也非常完备，我们的喉咙口有两条白色的韧带，这两条白色的韧带叫声带，它就是我们的发声装置。而气息则是发声系统的外力装置，我们吸气的时候，给身体补充氧气，呼气的时候它就会冲击声带，使之振动发声。我们的共鸣装置在哪里？它就在我们的胸腔、口腔、鼻腔。当气息冲击声带振动发声，作用于鼻腔的时候，我们听到的是高音，作用于口腔的时候我们听到的是中音，作用于胸腔的时候我们听到的则是低音。

2）叹气实验

下面我教大家一个练习气息的方法——叹气实验。想要体会掷地有声的感觉，就用“唉”来叹气吧！按如下方法发声。

叹气实验

先轻轻地叹口气；

再痛快地叹口气；

更痛快地叹口气；

果断叹口气；

果断而坚决地叹口气。

通过这个实验大家可以体会到，发声之前先要吸气。吸气多少与内容有关系，与空间有关系。这就决定了我们进行演说时，不同的内容和不同的空间运用不同的气息和声音，因此我得出一个结论叫练声先练气。

3）练气的方法

我们经常有这样的感觉：自己的声音发不出来，送不出去。其实这是典型的气息不够所致。如果你觉得你声音不好，一定是气息不够造成的。

练气最简单的方法是深呼吸。我自己也经常做深呼吸，我把它简化成三个步骤：第一步，吸气；第二步，憋气；第三步，呼气。

吸气的时候想象三米之外一簇玫瑰花含香带露、芬芳四溢。吸足了以后憋住，憋到没法再憋的时候再缓缓呼出，呼的时候让这口气持续的时间足够长，这样才能达到练气的目的。

此外，练习气息还有一个方法：跑步背诗词。当你跑步跑到气喘吁吁的时候，大声地背出你平时熟记的诗词。当然，在气喘吁吁的时候背出来的诗词是断断续续、结结巴巴的。此时，你不必着急。当跑步结束后，你再大声地带着感情将刚才背诵的诗词背诵一遍，你就会发现，此时背诵出来的诗词不仅不再断断续续、结结巴巴，而且字正腔圆、抑扬顿挫。

4）练声的方法

我把练声的方法简化成三个步骤：预声带、练嚼肌、挺软腭。

预声带是用来保健声带的。气息冲击声带，声带振动后发出声音。所谓的预声带就是用最小的气息冲击声带，让它发出像气泡一样的声音，也有点儿像我们平时打呼噜的声音，这样做就是对我们的声带进行按摩，让它始终处于最佳的柔韧状态。

练嚼肌就是为了丰富我们的面部表情，是防止面部呆板、僵硬的方法。

练嚼肌口诀

开口嚼，闭口嚼；

开口嚼一阵子，闭口嚼一阵子，甩开腮帮子嚼上一阵子。

经常这样练习，将有助于丰富我们的面部表情，面部的肌肉也将更活跃。平时我们过多地拘泥于一种表情，面部肌肉僵硬，表情达意不够灵活，会给人造成死板、没有亲和力的感觉。

挺软腭。软腭在口腔上颚的后半部分，挺软腭是发声学里最重要的一个步骤。在发声原理中我曾提到过上、中、下三个不同的音箱，软腭挺不起来，音箱就密闭了，没有空间，上下两个音箱就更没有了。怎么挺软腭呢？诺言的“诺”，发这个音的时候嘴唇要用力，这时候软腭就会挺起来，然后唇、齿、舌都一起配合，这样发出的“诺”声才会圆润、动听。

5）练吐字法

广播学院播音系的训练中，对吐字的要求是掷地有声。在这里，我也有一个口诀与大家分享：咬字千斤重，听者自动容。吐字发声可以慢一点儿，声音大一点儿，咬字重一点儿。在说的时候语速慢而有力，吐字真而有型，声音大而隆重。要发出清脆、饱满、悦耳的声音，必然要下一番苦功夫。

经常练习“梆”字的发音

在“梆”（bāng）这个极短的字节里，分成了字头、字腹、字尾。经常练习这个字的发音，对发出清脆、饱满、悦耳的声音，非常有帮助。

6）绕口令

绕口令是练口才的好方法。在口语训练中，练习绕口令既有趣又有效，对于纠正发音，锻炼舌肌十分有益。绕口令编辑的时候也是本着由简到繁、由短到长的原则，说的时候则要求清、准、快、连。

摘录几则著名的绕口令，希望大家没事的时候拿来练练，将有助于口才训练。

练习绕口令

一

对面有个白粉墙，
白粉墙上画凤凰。
先画一只黄凤凰，
后画一只绯红绯红的红凤凰。
红凤凰看黄凤凰，黄凤凰看红凤凰。
红凤凰，黄凤凰，两只都是活凤凰。

二

九月九，
九个酒迷喝醉酒。
九个酒杯九杯酒，
九个酒迷喝九口。
喝罢九口酒，

又倒九杯酒。
九个酒迷端起酒，
“咕咚、咕咚”又九口。
九杯酒，酒九口。
喝罢九个酒迷醉了酒。

三

玻璃杯倒进白开水，
白开水倒进玻璃杯。
玻璃杯倒进白开水就成了装白开水的玻璃杯。
装白开水的玻璃杯倒进白开水，
白开水倒进装白开水的玻璃杯。

四

牛郎恋刘娘，
刘娘念牛郎。
牛郎牛年恋刘娘，
刘娘年年念牛郎，
郎恋娘来娘念郎。
念娘恋娘，
念郎恋郎，
念恋娘郎。

以上四则绕口令以第四则最为难念。当我们念得不够好的时候，我们可以减缓节奏，放慢语速来念，但一定要做到吐字清晰，之后再循序渐进地逐渐加快。此外，我们可以把这种难读的绕口令带到熟识的曲调中，变成歌曲唱出来，这样就容易得多。当熟悉到一定的程度，也就能自然而然地读出来了。

7）朗读式训练法

美国第十六任总统林肯长期朗读《李尔王》《哈姆雷特》这样的剧本，他会根据故事走向，扮演剧中的人物，用不同的声音来表达人物的特点，长此以往，造就了林肯非凡的口才。而且，朗读可以增加一个人的韵味，对于提升一个人的气质有着良好的助推作用。

6. 控制语言节奏，增添演说韵味

语言节奏是指由于演说者不断发音与停顿，从而形成的强弱有序和周期性的变化。演说中的节奏是演说者为适应内容和感情的需要，制造的叙述过程中的抑扬顿挫、轻重缓急的对比关系。根据这一特质，演说节奏可分为八种类型：轻快型、持重型、舒缓型、紧促型、低抑型、高扬型、单纯型、复杂型。

表2-2　演说节奏的八种类型

演说节奏的类型		适用场合
1	轻快型	适用于致欢迎词、宴会祝词、友好访问词等场合
2	持重型	适用于理论报告、纪念会发言、严肃会议开幕词、工作报告等
3	舒缓型	适用于科学性演讲和课堂授课
4	紧促型	适用于紧急动员报告或声讨发言
5	低抑型	适用于追悼会等具有哀伤气氛的场合
6	高扬型	适用于誓师会、动员会、批判会等
7	单纯型	适用于简短的演讲
8	复杂型	适用于内容复杂、费时较长的演讲

优秀的演说者是演说活动的火车头，推动着演说的进程。在真实的演讲现场，有可能你要将八种类型结合起来使用。一个专业的演说者要根据自己的性格特质为自己定位一种特性并坚持下去，逐渐被人们标签化。要知道标签化是营销中非常重要的一个环节，正如我所强调的，做“专才”不做“通才”。

7. 做好演说结尾，让余音绕梁

所有的事情都要有头有尾。写文章、做事情都是一个系统工程，演说也是如此。如何结尾？俗话说写文章要遵循凤头、猪肚、豹尾的原则。也就是说开篇要像凤头一样小而美，引人入胜，好听好看；内容要像猪肚一样充实有料，要浩荡、要准备充足；结尾要像豹子的尾巴一样张弛有力，干脆利索，“言已尽，而意未穷”。关于如何结尾，我总结了八个字：可长可短，力避拖沓。

有一次我在现场演说时，结尾部分给大家送上了一篇文章。大家都知道在《世界上最伟大的推销员》这本书里，有一篇羊皮卷叫《坚持不懈，直到成功》。每次我把它朗诵一遍大概需要五分钟。在音响师推起音乐的时候，我朗诵得非常有感觉，但是因为需要五分钟才能朗诵完，我还是觉得稍显拖沓。

于是，经过无数次演说的实践，我把所有内容总结之后，送给大家一段话：“积极的人像太阳，照到哪里哪里亮；消极的人像月亮，初一十五不一样。最后我送大家一副对联：‘心态好事业成不成也成，心态坏事业败不败也败。’好，今天的演说就到这里，谢谢各位！”

这样的结尾隽永而深刻，立即就有了感觉和力度。记住：结尾力避拖沓。

生活中，每当一件事情结束的时候要懂得画句号。即使你的演说或发言通篇不够精彩，也要干脆利索地结尾。比如总结一下："好了各位，刚才我讲了很多，也没能够讲透彻。讲话时间到了，我就讲到这里，谢谢你们！"这也是一种上扬的感觉。

演说艺术，训练有方

美国总统奥巴马超凡的演说魅力打动了很多人。奥巴马除了掌握了一流的演说技巧之外，还有一个最大的优势在于他天生一副男中音，其透露出的沉稳总是让人们难以抗拒而倍感信服。

不是每个人都有奥巴马的优势，但是任何一项技能经过后天的努力都可以得到提高甚至完全掌握。掌握一定的演说技巧，可以使我们在演说这一领域事半功倍。古希腊演说家德摩斯梯尼天生口吃、嗓音微弱，还有耸肩的坏习惯。人们想当然地认为他不可能成为一个出色的演说家。但德摩斯梯尼并未放弃自己，他找到当时著名的演员，跟他们练习发音方法——将一个小鹅卵石含在嘴里练习发音。本来说话不清楚的他经过刻苦练习，即使含着鹅卵石也能吐字清晰。后来，只要他一登台演说，雷鸣般的掌声总是经久不息。

1. 寻找共同点，拉近与听众的距离

不管什么样的主题演说，切记从小处着眼，以小见大，逐渐推广开来，才能收到更好的效果。不要一上台就唱高调，这样做，

观众会认为你说大话、空话，对你的演说往往提不起兴趣。应该多使用一些拉近彼此距离的语言，把对方拉进你的阵营里。

> 二战结束后不久，美国前参议院议员罗慈和哈佛大学校长罗威尔一同到波士顿辩论国际联盟的问题。罗慈感觉到大部分听众都反对他的意见，但他是一位极聪明的心理学家，非常懂得如何抓住人们的心理，拉近彼此的距离。
>
> 罗慈对听众说："十分荣幸，罗威尔校长给了我这个机会，让我在诸位面前说几句话。我们是多年的老朋友，而且都是信奉共和党的人，他是拥有极高荣誉的大学校长，是美国最重要的、极有权威和地位的人，他是一位极其优秀的政治研究学者和史学专家。
>
> "当前这个重大问题，我们在方法上也许有所不同。然而，我们的目的是一样的，那就是世界和平、安全，以及美国的幸福。如果你们允许，我愿意站在我本人的立场上简单说几句。我曾用简明的英语，一次又一次说了好多遍，但是，有的人因为没有理解我的意思，以致发生了误会，他们竟然说我反对任何一种国际联盟组织。
>
> "其实，只要这个组织能够真正联合各国，各尽所能，争取世界永久和平，促成环球裁军的实现，我一点儿也不反对。我渴望世界上一切自由的国家都联合起来，组成我们所谓的联盟，法国人所说的协会。"

听了罗慈的演说，即使强烈反对他的人，也无法给出与其相悖的意见。为了缩小彼此意见相悖的范围，他敏捷而郑重地提出了与听众的共同理想，赞美对方的同时，坚持说出自己的不同点：

“当前这个重大问题，我们在方法上也许有所不同。然而，我们的目的是一样的，那就是世界和平、安全，以及美国的幸福。”分析到最后，他和对方的不同点，只是他觉得我们应该建立一个更完善的国际组织。

2. 不讲道理，讲故事

从小到大，我们记忆深刻的那些做人的道理也好，处世的经验也罢，很多都来自故事。讲故事的最大好处就是它避免了长篇大论带给人们的枯燥乏味感，方便了人们记忆和模仿，从而能快速地付诸行动。

北京卫视《我是演说家》栏目中的人气选手，哪一个不是通过讲自己的故事取得胜利的？而在我们的日常生活中，那些有成就的人大都是讲故事的高手，他们通过讲故事来传达团队的共同愿景、目标，以及个人的梦想。而且，能够有头有尾、绘声绘色地把一个故事讲好，这本身就体现出了演说者的功力。

马云不仅是一位知名的企业家，也是一个善于讲故事的人，所以他的演说也备受人们的追捧；唐骏会讲故事，因而成为家喻户晓的职业经理人；乔布斯会讲故事，因此“果粉”们为了一款新发布的机器可以在专卖店前彻夜排队等候……历史上那些名人、伟人，哪个不是善于讲故事的高手呢？要想成为一个出色的演说家，先试着把自己的故事讲好吧！

3. 做好自己，独树一帜

自你出生的那一刻起，就已经注定你只能是你，因为其他的角色早已被别人拿去。你只有把自己的角色吃透，才能演好属于你的这部戏。很多人往往活在别人的世界里，从来没有给自己留一个位置，别人怎么说，他就怎么做，或者别人说什么，他就说什么，久而久之人们也就对他失去了兴趣。而一个无法形成自己独特语言风格的人，无论他说什么，也无法打动现场的听众。

相传，在一片漫无边际的荒漠中，有一座旷世宝藏，如果想得到这些宝藏，就必须横穿整个沙漠，并且在途中会遭遇很多机关和陷阱。虽然很多人都想得到这些宝藏，但是因为惧怕那些机关和陷阱，不敢前往。

有一天，一个勇士带足了干粮和水，独自一人上路。为了能够顺利找到回来的路，他一边探索前行，一边在途中留下标记。终于，在浩瀚的沙漠中开辟了一条路。眼看宝藏已经隐约露出痕迹，他却不小心失足落入了爬满毒蛇的陷阱，命丧黄泉。

多年后，又一位勇士踏上了寻宝之路，他看到了前人留下的标记，于是深信不疑地走下去，当然结局与前人无二。

不知道又过了多少年，又一位勇士踏上了寻宝之路，但与第二位勇士不同的是，他并没有沿着前人的路往前走，而是小心翼翼地重新开辟了一条寻宝之路。在他坚持不懈地努力下，他终于找到了人们梦寐以求的宝藏。

这位勇士在临终之际对自己的子孙说："前人走过的路不一定就是对的。不要盲目迷信前人的经验，即使经验是对的，也不一定就刚好适合你。只有最适合你自己的，才是最正确的。"

纽约铁路快递代理公司副总经理金赛•N. 莫里特先生说："二十多年来，与我接触过并且谈过话的人何止数千！但是，每一次我都以自己的本来面目与之对话，我绝对不模仿任何人。因此，我获得了成功。而且这样的对话方式也具有说服力。”是的，只有最适合自己的，才是最正确的。探索出一条适合自己演说风格的路，做好自己，在自己的舞台上演出属于自己的精彩，你就能收获人们不断的喝彩。

4. 不惧题同，出奇制胜

在实际演说过程中，由于受时间、地点、气氛及相同主题的制约，需要我们与他人在同一时间、同一场合进行演说（如演说比赛、竞岗竞聘演说、即兴发言等），难免发生“千人一腔”的“撞车”现象。在此情形下，要想脱颖而出，演说方式上应当采取一些变化，出奇才能制胜，有了亮点才能与众不同。

1）在合适的场合说合适的话

一名出色的演说者是能够根据现场情况随机应变的。在演说的过程中，并非说得越多就越好，也不是以在规定的时间内完成演说文稿的所有内容取胜。

> 曾经有一位传教士想要把《圣经》翻译成他传教地方的语言。其中有这么一句：“虽然你的罪恶一片鲜红，但是它终将白如雪花。”
>
> 看似非常易懂的一句话却难坏了传教士，因为当地根本没有下过雪，而这个地方非常闭塞，人们终生没有外出过，根本没有人见过雪，更不知雪为何物。
>
> 聪明的传教士注意到当地有很多的椰子树，人们非常喜

爱白如雪色的椰子肉。于是，这句话在当地就变成了："虽然你的罪恶一片鲜红，但是它终将白如椰肉。"

假如这位传教士把这句话按照《圣经》原文直译过来，我想当地人可能根本就无法理解传教士说了什么，他也就无法完成传教的任务。可见随机应变是多么重要。

2）授予听众拔高地位的头衔

授予听众拔高的头衔，让他们拥有被赞赏的快感。威廉·詹姆斯说："人性的根源有一股被人肯定、赞赏的强烈愿望，这是人和动物最大的不同点。"20世纪80年代，"钢铁大王"安德鲁·卡耐基任用查理·夏布为他在美国新成立的钢铁公司的第一总裁，并非因为其懂得专业精深的钢铁知识，而是因为查理·夏布懂得如何赞美和鼓励他人。诚如查理·夏布自己所言："我想，我天生具有引发人们热忱的能力。促使人将自身的能力发挥至极限的最好办法，就是赞赏和鼓励他人。我相信赞赏和鼓励是激发人更努力工作的原动力。所以我喜欢赞美而讨厌吹毛求疵。如果说我喜欢什么，那就是真诚、慷慨地赞美他人。"

是的，正是查理·夏布真诚、慷慨地赞美他人的品德，赢得了"钢铁大王"安德鲁·卡耐基的肯定，并授予高职。由衷地赞美现场听众，并赋予他们能够拔高身份和地位的头衔，让他们从始至终去尊重、喜爱台上的这位荣誉赋予者。

在李燕之前已有七名同学进行演讲，他们的称呼大多是"老师们、同学们"，李燕想："如果我还用这个称呼，是很难引起听众注意的。"于是她大胆地采用了别人没有用过的称呼语："未来的工程师、会计师、厂长、经理们，大家好！"这一称呼不仅拔高了听众的头衔，并且符合校情、富有新意，加上李燕充满深情的声音，顿时像巨大的磁石吸引了听众。场内鸦雀无声，一千双眼睛都集中到她的身上，从而为她的演说创造了良好的环境，定下了演说成功的基调。

3）利用同理心，激发现场听众的共鸣

现场演说活动中，尤其是即兴演说，每个人都渴望自己的演说与众不同，出奇制胜。因此，演说者常常会使出各种奇特的招数，希望以此获得听众的好感，赢得掌声。那么，如果大家的招数都很奇特，要想从中脱颖而出，就得比别人还要奇特。此时，不妨利用人们的同理之心，激发大家在情感上的共鸣，不失为一个有效的手段。

小王有一次在同学聚会中，想到了众多同学分别几十年后的变化，他感慨万千地说："无论是痛苦时还是欢乐时，人们总会想起亲人。此时此刻，大家一定和我一样，思念着每一位同学。我提议，让我们暂时收敛欢乐的心情，为几位离我们而去的同学默哀，以寄托我们的缅怀之情……"

听到小王的话，同学们立刻都安静了下来，低头致意。然后小五接着说："再让我们举杯向未能到会的同学们表示真挚的问候和美好的祝福！"

他的话音一落，大家都举起了酒杯。

小王并没有用特别奇特的开头吸引在座同学的注意，而是满含深情地讲出了自己的感受，由此引起了有着同样心情的同学们的共鸣。

5. 机动地把握时间

演说时常受现场因素制约，因此一般组织者都会提前与演说者约定一个时限，以便演说者准备符合规定时限的演说内容。但是，演说现场往往会受不可控因素的影响，致使会议、活动等时间超过原有时间规定。一般而言，人们在一个活动中待的时间过长，很容易产生疲劳，滋生大量的负面情绪。当然，还有可能由于一些个别因素，既定的一些项目内容无法进行，造成会议、活动的时间变短，使人不能尽兴。面对这两种情况，演说者须注意，如果超过规定的时限，应适当缩减原演说文稿内容。反之，如果演说文稿内容准备得太少，演说内容不足以支撑到规定时间，则有必要在现场增加一些材料，充实内容。当然，无论是对演说内容进行增还是删，都要保证演说内容的完整性及与主题的一致性。

布鲁克林大学俱乐部的一次集会上，发言的人很多，因此时间已经拖得很长。轮到其中一位医生演说时，已是子夜一点了。主办者打算让他上台说上几句，就宣布集会结束。但这位医生一上台，就展开了一场长达四十五分钟的长篇演说。结果可想而知，他还没讲到一半，听众就希望把他从窗口扔出去。

可见，一个出色的演说者还应该懂得如何站在听众的角度去思考问题，然后展开自己的演说。

陶行知铜像在某校落成。举行揭幕仪式那天，天气寒冷，大会刚进行了不久，会场上就不断地传来踏脚取暖的声音。当轮到该校校长发言时，天上竟然还飘起了雪花。于是，这位校长灵机一动，把稿子往口袋里一放，只讲了一句话："同学们，在此，我只想用陶行知《自立歌》中的话鼓励大家，那就是：'滴自己的汗，吃自己的饭，自己的事自己干。靠人、靠天、靠祖上，不算是好汉。'"他的话音刚落，台下传来经久不息的掌声。

这个校长是多么明智呀，文稿内容再好，演说再精彩，如果不顾及台下听众的感受，也不是一场精彩的演说。

6. 谦虚通达，收获喝彩

李嘉诚在汕头大学分享他的成功秘诀时曾说过这样一段话："我深信'谦虚的心是知识之源'，是通往成长、启悟、责任和快乐之路。"因此，无论什么时候我们都应该保持清醒的头脑，正确地认识自己。时常自问，检讨自我，要有成功决心而不骄傲，自信而不自大。一个精彩的演说舞台，绝不是留给自大狂的，而是留给那些懂得谦卑、不断追求进步的人们的。

演说者从站在演说台前的那一刻起，就如同被展示在了一个透明的橱窗里，演说者的个性也将被一览无余地展现出来，每一个傲慢无礼的表现都将被台下的听众尽收眼底。我国古代著名的思想家、教育家、儒家学派创始人孔子：“他从来不向别人炫耀已知知识，他只是以自己博大的胸怀去启迪人们的智慧和心灵。”如果每一位演说者都能像孔子这样保持谦虚通达的胸襟，那么，通向现场听众的内心之路也必将畅通无阻。

即兴演说，随机应变

即兴演说一般都是在当事人毫无准备的情况下发表的。事实上，对于一名不以演说作为谋生手段的普通人而言，在日常生活、工作中的演说、发言多数是毫无准备下的即兴发言。因此，了解及不断地学习即兴演说的技巧对每一个人来说，都是非常必要的。即兴演说对一个人的口才要求非常高，它不像脱稿演说那样事先经过充分的准备，因此，极其考验演说者随机应变的能力。

1. 五条禁忌，敬请牢记

即兴演说并不是信口开河，也不是漫无目的地讲些跟现场氛围和主题毫无关联的话题。演说者必须把所要传达的意思条理清晰地表达出来，所举的案例也要契合中心思想。

由于即兴演说通常是在毫无准备的情形下进行的，了解一些话术禁忌，提前知道哪些话该说，哪些话不该说是非常重要的。否则，很容易给自己带来不必要的麻烦，或者置自己于非常尴尬的境地。

1）看天看地，就是不看观众

有些人的口才不错，应变能力也很好，但是，总是让人感觉他好像在跟自己说话，让周围或者台下的听众无法与之产生共鸣。因为，他好像是闭着眼睛在讲话。看天看地，就是不看周围的人或者台下的听众，跟周围的人或者台下的听众没有眼神交流。电影《逃跑新娘》中，由于新娘的眼睛受到现场闪光灯的刺激，让她与新郎的眼神交流暂时中断，这位害怕婚礼的新娘在现场一位记者坚定的眼神的鼓励下落荒而逃，并且最终嫁给了那位记者。

美国19世纪著名哲学家拉尔夫·沃尔多·爱默生曾说："人的眼睛和舌头说的话一样多，不需要字典，却能够从眼睛的语言中了解整个世界。"一场精彩的演说需要丰富的眼神装饰，一个优秀的演说者也必须是运用眼神的高手。演说者不仅可以通过眼神的交流告诉听众自己的感受，还可以从观众的眼睛中读出他们对演说的哪些内容是否感兴趣。

发表即兴演说时，眼神应该配合演说的内容、情境有所调整，也要与动作、行为和面部表情同步。能够做到手到、眼到、心到，面部表情自然，并流露自信、自然、精神、坦诚的眼神，以达到最佳的演说效果。

2）自我膨胀，夸夸其谈

孔子曰："奋于言者华，奋于行者伐，夫色智而有能者，小人也。"就是说夸夸其谈的人华而不实；喜欢表现的人喜欢向人夸耀；有能力和小聪明的就表现在脸上，这是小人的作风。有些人有点儿小成绩，就开始自我膨胀，不顾及现场听众及周围人的感受，大谈特谈自己的那点儿小成就。此非智者所为，也是即兴演说的禁忌。

3）鹦鹉学舌，人云亦云

所谓人云亦云，即人家怎么说，自己也跟着怎么说，没有自己的主见，只会随声附和。在发表即兴演说时，动不动就一句“我同意 ×× 的意见或者观点”，或者在其后的演说中也是在此基础上进行的内容延伸，无任何自己的观点和思想。如此一来，只能凸显 ×× 的观点，甚至给听众造成只会附和的不良印象。

4）立定不动，单调贫乏

一潭死水般的演说是不会得到听众认可的，只有生动的演说才能更加贴近听众，也最容易被听众喜欢。在演说中应适当地走动，并学会借用态势语让演说富有感染力。在人身体的各个部位中，手是活动最为灵活的，手的动作运用得好坏，往往在很大程度上决定着身体语言运用得成功与否。

5）离题万里，胡编乱侃

参加任何会议或活动，都要提前了解和掌握会议或活动的主题。对会议或者活动中所讨论的具体题目、问题，以及争论的焦点，都应当有高度的警觉性和充分的思想准备。一旦被要求发表即兴演说，才不会因毫无准备而心慌意乱，更不会离题万里，胡编乱侃，才能更好地切中主题。此外，还要注意是在什么时间、什么场合、对谁讲话。

2. 保持平静，就地取材

某天你参加了一个非常重要的会议或者活动，突然听到主持人提到你的名字，并且还要求你上台说两句，这时你首先要做的一件事是深呼吸，保持平静，并就地寻找可用的演说素材。此外，你还可以先向主持人和现场的听众致意，说上两句客套话，从而给自己一个喘息的机会。然后再根据现场情况作出判断，从中撷取现场听众最感兴趣的几个事件作为演说材料，或者巧借会议司仪的某个话题，转入演说的主旨，提出自己的观点。但无论采用哪种方式，切忌紧张，一定要让自己先平静下来。

抗日战争期间，陈毅率领部队在浙江开化县华埠镇休整，有一抗日群众组织请他讲话，主持人说请陈毅将军为大家演讲。陈毅开场说:“我姓陈,耳东陈的陈；名毅,毅力的毅。称我将军，我不敢当，现在我还不是将军。但称我将军也可以，我是受全国老百姓的委托去将日本鬼子的军。这一将，一直到把它们将死为止。”话音刚落，现场就爆发出雷鸣般的掌声。

陈毅就地取材，借主持人的一句话开头，为自己后面的精彩演说进行了很好的铺垫。那么，作为一名演说者，如何就地取材？通常可以通过以下三种渠道：

1）根据现场的听众

谈论自己的听众，说说他们是谁，结合个人经历，展开话题。

1992年新春伊始，安徽体育馆里举办音乐晚会，著名皖籍青年歌手解晓东走上舞台向观众致意:“祝安徽的父老乡亲们新年好！ 1985年,我去北京那阵子,北京人见了我就问:‘安徽是不是很穷？’我说:‘人穷志不穷！’”

说到此处，台下的观众给予解晓东热烈的掌声。

“北京人还问：‘安徽是不是出了许多保姆？’我说：‘咱们安徽人很勤劳，很能吃苦！’”

台下再次爆发出热烈的掌声。

“如今不同了！特别是经过了去年那场洪灾考验后，北京人看到我总是远远地竖起了大拇指：‘安徽人真棒！你们面对洪水，奋力拼搏，保住了津浦路，保住了华东电网……’”

台下的掌声经久不息。

解晓东的即兴演说就是根据现场观众的特点，并结合自己的成长经历展开话题，通过答北京人提问的方式和内容，表达自己对家乡人民的挚爱之情，同时给予家乡人民真诚的赞美。他说话得体，合乎身份，自然与家乡人民形成心灵的呼应，再一次拉近了与家乡人民的距离，赢得了阵阵掌声。

2）根据会议及活动聚会的目的

你参加的是什么性质的会议或聚会，该会议或聚会对参加人员将产生什么影响，以及在会议或聚会现场是否碰到了与会议名称、人名、地名等有趣的巧合现象。

在一个外国旅游团举行的答谢宴会上，团长在祝酒词中谈访华感受：“我们的观感可以用三个英文单词来表达，而这三个词，每个词都是以英文字母‘E’开头的，它们是：Exciting（激动人心的）；Educational（受教育的）；Exhausted（精疲力竭的）。当然，造成疲劳的原因，是主人盛情地希望我们多看一些美景所致。”

陪同翻译王连义译完祝酒词，刚想舒口气，没想到，热情的团长再次站起来说：“王先生是位有经验的翻译，陪过许多团，我衷心地希望在座的女士们、先生们，欢迎王先生讲话，请他讲一讲对我们团的印象，作为对我讲话的答词。”掌声和笑声响成一片。

王连义毫无思想准备。若不讲，就会冷却宴会的气氛。

他站了起来。走到麦克风前，已经构思出了讲话内容：“谢谢大家给我讲话的机会，若问我对贵团的印象，我也想用三个英文单词来表示，而每个英文单词都是以英文字母‘F’开头的，贵团对我们中国人民的感情是Friendly（友好的）；大家谈话的方式是Frankly（真诚的）；我陪同贵团，向各位学习了很多知识，所以对我来说，这次陪同是Fruitful（丰收的），谢谢大家！”

顿时，会场再一次爆发出热烈的掌声。

该团团长利用三个同字头的英文词语与会议主题及氛围巧合这一有趣现象作了精彩的现场演说，博得了众彩。而王连义巧借团长有趣发言模式进行巧妙组合，发挥联想，同样取得良好的演说效果，增添了演说者的魅力。

3）引发听众的心理共鸣

如果你全神贯注地关注整个会场的动态，对于现场曾经发生的事件、讨论的热点，以及之前发表演说者的观点，都能够有所了解，并从感情入手，就可以引发听众与自己在心理上的共鸣。

1944 年，英国首相丘吉尔在美国度过圣诞节，并发表了圣诞演说："我的朋友，伟大而卓越的罗斯福总统，刚才已经发表过圣诞前夕的演说，向全美国的家庭致以友爱的献词。现在，我能追随骥尾讲几句话，感到无比荣幸。

"今天在这里过节，虽然我远离家庭和祖国，但我一点也没有身在异乡的感觉。我不知道，这是由于我的母亲血统和你们相同，抑或是由于我多年来在此获得的友谊，抑或是由于这两个文字相同、信仰相同、理想相同的国家，在共同奋斗中所产生的同志感情，抑或是由于上述三种关系的综合。

"总之，我在美国的政治中心——华盛顿过节，完全感觉不到自己作为一个异乡之客的不适……"

丘吉尔通过前面罗斯福总统的演说，为自己进行了心理缓冲，并动用了感情沟通法，把美国总统罗斯福说成是自己的朋友，在心理上缩短了演讲者与听众之间的心理距离，演说取得了良好效果。

3. 组合材料，巧妙构思

我在前文"脱稿演说，精彩绽放"中曾就演说稿的开头与结尾做过详细的论述，在即兴演说的过程中完全可以套用过来。因此，这两个方面不再赘述，我只重点介绍如何根据现场情况撷取有效材料进行巧妙构思，快速而精彩地将这些材料在大脑中编辑成文，出口成章。

快速组合即兴发言的材料，其实就是解决现场演说"怎么说"的难题。刘勰在《文心雕龙》中主张文章结构要"总文理，统首尾"。因此，在组合演说文稿的思想脉络时，一定要紧扣中心论点，使内容前后统一，才能顺理成章，贯穿到底。

在组合演说材料时我们可以采用以下几种组合方式。当然，在实际的运用过程中可以互相结合、互相套用。具体如下：

1）并列式

首先将总题分解成若干个分题，围绕演讲稿的中心论点，从不同角度、不同侧面进行表现，其结构形态呈放射状四面展开，每一侧面都直接面向中心论点，证明中心论点。这种方式的优势在于，各个分题之间看似独立，但又能够相互连贯、相互支撑，并且共同指向中心主题，从而使得演说内容更加条理井然，演说效果极具力量和气势。

2）正反式

围绕题目要求，从正面阐述论点，从反面烘托论证，使得演说主题更为突出、鲜明，更能引人深思。

3）递进式

围绕所要说明或论述的问题，先说明“为什么”，继而谈“怎么样”，层层递进，彰显逻辑的严密，发人深省。既要有波澜起伏的段落和引人入胜的高潮，又要控制好演说的节奏，能够张弛相间、节奏鲜明、跌宕起伏。这种组合方式可以令演说者在感情上一步一步抓住听众，在理论上一步一步说服听众，在内容上一步一步吸引听众，使听众的内心激情逐渐燃烧起来，将演说自然推向高潮。

4. 察言观色，控好演说场

察言观色对于人际交往非常重要，这需要当事人具有非常高的情商，能够瞬间捕捉他人心理的微妙变化，适时迎合他人的兴趣要求。这项技能对于现场即兴演说同样重要，它反映了一个人的应变能力与控场能力。只有掌握了这一技巧，才能及时把握现场听众的心理变化、兴趣要求，并及时修正、补充自己的演说内容。面对听众的质疑或者提出的比较尖锐的问题，才能从容应对，做到不强硬压制，不发火批评。

一次赫鲁晓夫在联合国大会上进行演讲，但是由于与场内一些听众的政治观点不同，引发场内喧闹。赫鲁晓夫被现场的听众激怒了，他情不自禁地脱下自己的一只皮鞋，并用鞋跟用力地敲打讲台，想以此制止现场骚乱。然而，他这一情绪失控导致的过激行为不仅没收到预期的效果，反而暴露了他缺乏涵养、不能很好地控制自己情绪的性格弱点。

面对那些看起来十分棘手的问题，不要被现场的氛围牵制，一定要审时度势，尽最大可能控制自己的负面情绪，并学会以诚相待，才能尽快地想出办法，变被动为主动。在日常的训练中，可以通过以下几个方面的训练提高自己的控场能力。

1）把握现场气氛

不同的场合会有不同的气氛。发表即兴演说时，演说者的感情基调一定要与演说现场的气氛契合，才能使听众产生好感。

2）洞察、了解、掌握听众情况

由于每一场即兴演说的听众构成不同，因此在演说之前，必须提前了解清楚你与听众的关系，你的演说应站在哪个角度，以怎样的身份，代表谁来讲话，等等。只有这样才能使演说得体、恰到好处。

3）学会目光控制

人们常说眼睛是心灵的窗户，一点儿不假。我们上学时都有这样的体验，老师的目光凌厉地一扫，那些淘气的学生立马安静下来。现场演说中演说者与听众之间的目光交流也尤为重要，可以说“目光在哪里，影响力就在哪里”。无论多么精彩的演说，都难免会有人私下里小声交谈，如果有人不断地在小声交谈，势必影响其他人听演说的效果，以及演说现场的整体效果。这时，演说者不妨将目光移至他们身上，并且面带诚意，微笑地看着他们。当他们意识到演说者的注视后，自然就会停止交谈。

4）展现声音的魅力

我在前文中强调过语气、语调对于演说的重要性。同样，在演说现场如果有些听众或者学员思想上开了小差，或者打瞌睡、小声音嘀咕，演说者也可以通过调整语音、语调、语速、节奏等来达到控制演说现场的目的。比如，演讲者声音突然提高一个八度，很可能会让开小差的、打瞌睡的人突然惊醒，然后认真听讲；或者在精彩激昂处突然停顿一下，也会有不错的收获。

我儿子刚上小学的时候，有一次他的学校组织活动，在去目的地的途中，由于车上的小朋友很多，车内比较喧闹。因为大家都知道我是研究语言艺术的，口才不错，于是，建议我给小朋友们讲个故事。

刚开始时，还是有几个淘气的小朋友不肯听话，仍然说话打闹。于是，我灵机一动，突然不说话了，微笑着看着他们。结果车里一下子就安静下来了，我接着说："不错，我可以接着讲了。"

5）利用态势语的优势

在演说过程中，态势语的重要性不言而喻。关于如何用好态势语，我在前文"巧借东风，用好态势语"部分已经作过详细的论述，在此不再赘述。

态势语对于控制演说现场发挥着至关重要的作用。当现场氛围达不到你想要的理想状态时，一定要采用大幅度的肢体动作，如此，可以快速地让听众或者学员集中注意力，跟上你的演说节奏。

6）与之对话，进行互动

适时地与现场的听众进行对话互动，可以发挥良好的控场效果。比如：可以通过举手认同的方式让听众参与进来；也可以提出问题，引发听众的思考；当一个观点阐述完毕时，不说肯定性的语言，而是把肯定句变成疑问句——"对不对？是不是？好不好？"等。

此外，还可以采取重复一些重要内容的方式，这样不仅达到了与听众互动的目的，还能加深听众对演说内容的理解。比如："大家跟我来读一遍这段话。”“这些内容大家有必要记下来，我们一起把它们说出来。”

即兴演说的黄金模式

由于即兴演说通常是在人们毫无准备的情况下被“逼”上场，如果不掌握一套随时、随地、随意演说的技巧，很有可能置演说者于脑门充血、颠三倒四、无言以对的尴尬境地，有损演说者原本留在人们心目中的良好形象。我根据多年的演说经验，总结了一套即兴演说的黄金模式，希望对大家有帮助。

1. 做好自我介绍，留下美好的瞬间

我们看到，中国传媒大学、中央电视台、中央国际广播电台等机构，在各自的办公大楼上都有自己的名字。我们还知道每一种报纸，如《人民日报》《解放军报》《光明日报》等，总是把其名字放在最显眼的位置。其实，这就是它们的自我介绍。

电视节目更是如此。我们经常听到：“您现在收看的是中央电视台……”“您现在收看的是凤凰卫视中文台……”等类似的介绍。从专业上讲叫呼台号，通俗的说法就是主持人在做自我介绍……

每个人从会说话起，便不停地被人们问起：“你是谁？”进入幼儿园后，老师教小朋友的第一项技能就是如何介绍自己，也就是如何告诉人们“我是谁”。因此，自我介绍是非常重要的。介绍得好，能给人们留下深刻的印象；介绍得不好，也就很快淡出人们的视线，被人们遗忘。在这里，我推荐两种自我介绍方法：

1）五要素法

所谓的五要素法，指的是姓什么、叫什么、哪几个字、有什么意义及一句祝福的话。例如：我叫李真顺（一听就明白，但接下来要说清名字中具体是哪几个字，因为汉字的同音字很多，只听音，很有可能把字弄错），木子“李”，真理的“真”，顺顺利利的“顺”。整合这三个字，在借助谐音的基础上，我们应该能推断出这样的意思：理所应当、真真正正、顺顺利利。好了，李真顺在此祝福各位身体健康、马到成功。

上小学后，语文老师跟学生们强调的最重要的一句话就是“说完整话”，这就是一段完整的介绍。有的人说我的名字起得不好，用这种方式是否可行？当然可行！在此，我想强调的是，你的名字及其意义完全由你自己决定。

在我的培训课上，有个学员叫王土旦，我觉得他的名字非常有意思，因此特意让他给大家做自我介绍的示范。刚开始他对我说：“李老师，不要让我做自我介绍了吧，我这名字不太好介绍呀！”

我鼓励他说：“我就是觉得你的名字非常好，所以才让你给大家做示范的，你的名字非常有特点。不用担心，就用我刚才介绍的五要素法试试，你一定能想出一个非常棒的自我介绍方法。”

他想了一下说：“我叫王土旦，王，是君王的‘王’；土，土地的‘土’；旦，是元旦的‘旦’。请问朋友们，‘土’和‘旦’组合起来是什么？

“是的，是‘坦’。所以，在这里，我祝愿亲爱的朋友们，通过这次学习，能在以后的日子里和未来的旅途中，走得顺当一点、平坦一点。请记住，我是王土旦，谢谢大家！”

没有不好的名字，只有我们自己理解不到位的名字。在此，我也提醒那些认为自己名字不好要改名的读者朋友们：从今天开始，请接纳你的名字，这也是跟自己友好相处的基础之一。名字的好坏，取决于你的心，你赋予了它什么，它就是什么。当你赋予它的意义是积极向上的，也就是我们常说的“好的”意义，它就能把你带入人生的坦途；如果你赋予它一个消极的、“不好”的意义，它很可能置你于人生的低谷。

2）工作关系关联法

所谓的工作关系关联法，就是在自我介绍的时候把自己与所从事的职业进行关联。具体内容包括：姓名、单位、特长及与大家的联系。比如：我是李真顺，来自中国演说联盟。我的特长是演说与口才方面的培训。此外，我还会理发。只要给我一把剪刀，我就可以根据年龄、职业、身份、脸型、身材等，把您打理得更加相貌不凡，艳惊四座。

这两种自我介绍的方法有一个共同的目的，就是让别人瞬间记住你，从而与更多的人建立友谊，携手同行，共创美好的前程。

2. 昨天、今天、明天，让发言更有层次感

要想把话说好，不仅要有生活、有储备，还需要有一定的应变能力和演说技巧。

看看这段开场白：首先，送大家一段话——不要为了昨天的失利而叹息，不要为了明天的无助而忧虑，抓住每一个今天去努力，活在当下，人生就会诞生奇迹！这个开场运用了典型的即兴演说技巧——昨天、今天和明天。也可以理解为——过去、现在、未来。这是一个三段式的演说模式。同样，这一模式也可以运用到整个演说当中。

在我的老家有一个邻居，我平时都称呼她“刘大娘”，刘大娘是全国人大代表。当时，有关部门组织人大代表参观卫星发射中心，刘大娘应邀前往。知道我是口才方面的专家，她走之前给我打电话。“真顺，如果人家让我发言的时候，我怎么说？”我告诉她一个办法，我说：“大娘您就讲昨天、今天、明天。”

刘大娘一时没有完全明白，我只好再作解释说：“昨天，就是您对航天这件事的认识，今天就是参观卫星发射中心以后有什么新的感知，最后谈一下您对明天的展望。”

刘大娘很聪明，立刻明白了方法中的要领。在电视台的直播中，刘大娘面对主持人的提问虽然有些紧张，不过她说得很好：“我以前对航天这件事了解不多，就是看新闻联播的时候，看到有人一按电钮就上天了。接下来就是看到像心电图一样的屏幕上的那个波纹，再后来就听到报告说正确入轨了。我想这是好事，那咱就多按几回呗。今天参观以后，觉得这件事太不容易了，看那个架子那么高……”

旁边主持人提示说：“大娘，那是发射架。”

刘大娘点点头，接着说：“对，就是发射架那么高。再看我们在座的这些朋友们，还有那些科学家们、技术人员，他们的镜片越来越厚，显微镜越来越大。唉！”

刘大娘叹息一声接着说：“每个人都不容易呀。我是全国的拥军模范，以前，每到‘八一’节的时候，就送给当地驻守的人民子弟兵每人一件背心。在这里，我也答应在座的各位，以后我也送大家每人一件背心。”

刘大娘接着说：“今天参观了卫星发射中心以后，觉得非常难得。我有一个侄女，就在北京航空航天大学读书。那个学校特别好，人特别多，他们那些同学好像是本硕……”

刘大娘是想说本科和硕士连读的，她半天也没说明白。此时，旁边主持人提示是本硕连读，刘大娘继续说：“对！连读，连读！这些孩子们读完以后，将来来到咱们这个队伍里面，那我们的这个事业不就更大了吗？我就想以后呢，一定会超过美国，超过德国…… 嗯，嗯，超过所有国家。”

刘大娘的文化素养不高，也没有学习过航空航天知识，但是她把我教给她的演说技巧——昨天、今天、明天巧妙地贯穿到谈话中，意思表达完整，语言很流畅。

这一发言模式可以运用到任何环境中。比如，作为一名刚毕业的大学生，在单位的入职仪式上，你可以这样说：

各位领导，各位同事，大家好！

我刚大学毕业。大学毕业之后进入这样的单位工作是每个在北京上学的大学生的梦想。

今天，我终于梦想成真了。我想，在领导的悉心教导下，在各位同事的热情帮助下，更重要的是我要通过自己的不懈努力，跟上大家的步伐，做出自己应有的贡献！

现在，我不想说太多，因为行动才是最重要的，我想用自己的实际行动说明一切。

在这里，向各位鞠躬致谢，请相信我，我一定会努力做出贡献的，谢谢大家！

这样的发言方式简洁明了、条理性强，一定会带给现场听众不一样的感受。

此外，如果在一些场合被主持人或者某些人突然问到不熟悉的问题，也不必惊慌失措，也可以运用“昨天、今天、明天”这样的逻辑关系从容表达：

谢谢您这么信任我，您刚才提出的这个问题我从来没有听说过，您今天提出来等于给我敲响了警钟。

按理说，在我这个位置上，应该了解这方面的知识。我还一直以为自己挺爱学习的，也经常上网搜索各种相关资讯。现在看来不是努力不够，而是学习的方法出现了问题。不过，今后，我将会关注这些问题，加强这方面的修养。

我希望，在不远的将来，就这个问题能给您一个满意的答复。

这样的一个回答，同样为自己赢得了尊重，也很好地展现了个人风度。

这一发言模式，无论是对在校生还是职场老手，也不管从事的是何种职业，都具有很强的借鉴意义。我们在平时要反复咀嚼记忆，多加练习，才能做到在任何场合随机应变。

3. 祝贺、感谢、希望，让演说生情

“祝贺、感谢、希望”也是即兴演说中一个非常重要的黄金模式，适用于任何演说场合。无论是单位聚会、家庭聚会，还是在国际政治舞台上，都可以用这样的方式说话。

比如，单位的老总要在年终表彰大会上讲话，就可以按照这样的逻辑组织语言：

> 祝贺在座的各位，取得了如此突出的成绩。感谢各位的努力和付出，希望大家注意身体。现在亚健康的人很多，不要忽视自己的健康。
>
> 希望各位从今以后，劳逸结合，在保证身体健康的前提下，工作更出彩。这是我所希望的，也是我们企业所期待的。
>
> 今天不多讲，就讲这么几句，谢谢大家！

话虽然不多，但是让在场的人听了很有感觉，能感受到来自演说者的真诚。

比如，宝贝儿子要结婚了，主持人希望双方父母上台说几句，此时也可以套用祝贺、感谢、希望这个演说模式。

> 儿子，今天是你大喜的日子，爸爸很高兴，请允许爸爸向你表示祝贺，感谢你这么多年对我的理解，这么多年爸爸老是在全国各地演讲，好像有多大个事似的。
>
> 其实，我也没做出什么惊天动地的大事来。你的学习，从

来没有让爸爸操过心，谢谢你！还有你妈妈对我的支持，谢谢！

接下来提点希望，结婚意味着责任。儿子，今天说点儿咱们男人之间的话。外面的世界更精彩，但是永远记住你要对妻子负责，以后多沟通，希望你们过得幸福。

今天不多谈了，咱们爷俩在特别的日子干一杯。

父子之间的那种特有的感情通过这一段话表现得淋漓尽致。

有人说，这样的演说模式适合比较喜庆的场合，但可能不太适合追悼会，我在清华大学在职研究生院的课堂上，就遭到了一些学员的质疑。

当时，我给大家留了十分钟的思考时间，以便套用这个演说模式进行现场演练。我布置好作业，就出去喝了杯水。然而，当我再次返回教室时，发现教室内五十多名企业家学员，眼睛齐刷刷地看向我。这时，有个学员走上讲台递给我一张纸条，我打开一看，上面写的是："这个模式真的很好用，为我们的即兴演说提供了样板，谢谢老师！刚才您提到任何场合都适用。请问老师，在追悼会，如何运用'祝贺、感谢、希望'呢？"

我看完也是脑子一片空白，不是很有底气地说："换个模式吧？"然而，却遭到他们的齐声反对："老师，您刚才说了适用任何场合。"毕竟有多年的教学经验，在经过跟学员几个来回的对话，我很快梳理了一下思路。

于是，我拿起一本书，对现场的学员们讲道："讲话呢，要有针对性，追悼会上运用这样的模式，也要看追悼谁。在这儿，咱们就拿我开涮吧。比如说，现在你们的导师李老师去世了。你们可以这样面对导师，痛诉一切：

“李老，您走得太匆忙了，您历经十年心血，一直期待着这部专著的出版，但最终您也没有亲眼看到。

“李老，您知道吗？在您病重期间，您的这部专著出版发行了。李老，您知道在全国各地新华书店的门口，有多少读者排队等着拜读您的作品吗？

“在此，请允许弟子向您表示祝贺！（这个时候一定要记得鞠躬呀！）

“李老，这些年来您对我们中青年一代，都是手把手地传帮带。每次到您家里，师母对我们特别好，每次都问我们吃饭没有，如果我们没有吃饭，无论多晚师母都会给我们煮面条吃，还一定要加上两个鸡蛋。在此，对二老的教诲和提携，我要表示由衷地的感谢！（同上，一定要记得鞠躬。）

“李老，您放心吧！我们会团结起来，把这门学科发扬光大，希望您一路走好！”（你们这个时候一定要记得给我最后再鞠一个躬。）

当我发表完这段演说之后，课堂上响起了热烈的掌声还有欣赏的笑声。任何一项技能，都要反复练习，才能熟能生巧。

上面我提到的两个例子，均来自我们的日常生活。其实，即使面对美国总统，运用这一发言模式，也能让我们侃侃而谈。

尊敬的总统阁下，从年龄上讲，中华民族上下五千年，大叔不敢当，但大哥还是称得上的。虽然美国只有短短的二百多年的历史，但在这二百多年间，在历届总统的带领之下，贵国取得了巨大的经济成就。在此，我代表中国人民向贵国表示热烈的祝贺！

同时，对总统及参众两院一贯持有的“一个中国”的立场，表示感谢！

在当今社会，无论中国还是美国，都是世界大家庭的重要成员。希望我们能团结起来，携手共进，因为我们有责任也有义务，把这个世界建设得更加美好！

所有的语言都应大大方方，有礼有节地展现，并充分表达自己的所思所想，这也是即兴演说应达到的效果。站在自己的角度，说别人没有说过的话，从而表达出自己的真情实感，“祝贺、感谢、希望”就是这样一个让人充满感情的即兴演说模式。

4.“欢人告明祝”，致好欢迎词

所谓“欢人告明祝”，其实说的是致欢迎词时，这五项内容需要牢记于心——首先要表示欢迎，不要忘了介绍现场人员的情况，预告会议项目，阐明会议态度，最后一定要记得预祝会议成功。

尊敬的各位来宾，朋友们：

大家上午好！

此刻，我们欢聚一堂，隆重举行首界手工艺文化节开幕式。首先，我代表 ×× 向辛勤组织本次活动的各位同人，向为我们展示了精彩手工技艺的艺术家们表示衷心的感谢和亲切的问候！

历史为我们留下了许多宝贵的非物质文化遗产，手工艺制造更是体现了本地区劳动人民的智慧。随着市场经济的发展和地区交流的加强，手工艺制作已开始逐步走向市场，并受到人们的喜爱。为弘扬传统文化，开拓手工艺市场，我们举办了首届手工艺文化节。

首届文化节历时八天。文化节上，展出的手工艺作品包括剪纸、柳条编织、面团制作等，艺术家们精彩的手工艺制作表演及手工艺作品展出，必将受到广大参会人员的喜爱。本届文化节不仅向朋友们展示精彩的传统文化，而且将加强我们与各参会地区的交流。政府也将提供更加便利的条件，为推动“传统文化走出去，先进文化引进来”的目标而努力。

感谢各位来宾和朋友们的光临，希望各位以后能继续关注我们的手工艺，关注我们的经济社会发展。

最后，再次祝愿各位来宾、朋友们，身体健康，万事如意！我宣布首届手工艺文化节隆重开幕！

谢谢大家！

5.“惜谢忆征期”，欢送词致意

所谓“惜谢忆征期”，也是指致欢送词时需要的五项关键内容：相聚是缘，对于这样的一个聚会，我们非常珍惜；感谢各位的合作与支持；在整个聚会、活动、会议的过程中，发生那么多有意义的事；对于日后，大家是否还有更好的期望和建议；最后，这样有意义的聚会、活动、会议，我们期待着下次再相聚。

各位领导、各位专家、朋友们：

在生机盎然的时节，我们在风景秀丽的××，举办××年××研讨会。本次研讨会共有来自通信界科研设计、生产、销售等领域的300多名专家、领导。

近年来，我国通信事业得到了迅猛发展，极大地方便了居民生活，也为经济和社会的发展提供了强大的通信保障和支持。面对社会经济的新局面，通信事业应该走向何方，如何紧跟社会的需求，这是我们要思考的问题。

虽然只有短短三天的研究、交流，但是本次研讨会仍然获得了巨大的成功，涌现出许多极富创意的、接地气的新点子，可以很好地运用于未来的通信事业。

最后，感谢所有通信界运营商和厂家的大力支持，感谢所有朋友的积极参与！

朋友们，美好的时光总是稍纵即逝，相聚虽短，但是我相信我们的友谊是长久的，我们的收获和影响是深远的。祝朋友们归途一路平安，我们相约明年再见！

我宣布，×× 年 ×× 研讨会圆满闭幕！

谢谢大家！

6. 抓住三个关键，竞聘演说要领凸显

竞聘演说，一定要抓住关键点，做到各个击破，才能脱颖而出。那么，哪些才是竞聘演说中的关键点呢？我总结了三个方面：

1）对岗位的理解

关于竞聘岗位你有多了解？这很重要，一般而言，对于即将就职的岗位，你有多了解，就有多期待，也就能够投入多少热情。而这一切，必将通过你的演说展示。

2）自身对岗位的帮助

对于自身，你有多清楚？其实，在现实中，很多人是不了解自己的，不是高估了自己，就是小瞧了自己。同时，自己的专业及过往的经验有多少跟竞聘的岗位相关？也就是说，如果竞聘成功，这些无形资产将给这个岗位带来多少帮助，可以让你更好地服务于这个岗位。

3）岗位规划

对于要竞聘的岗位，你是否准备好了？你给它规划了怎样的蓝图？通过演说把它们充分表达出来，对于竞聘成功大有裨益。

尊敬的各位领导、各位评委、同志们：

你们好！

首先，非常感谢领导和同志们对我的信任与支持，给了我这次学习、锻炼和提高的机会。我叫 ××，×× 年 ×× 月出生，法律本科学历，×× 年分配至我院工作，曾先后在 ×× 城法庭、×× 法庭、执行局和办公室任书记员、法官助理和主审法官，×× 年通过国家统一司法考试，今年 ×× 月份被任命为审判员。

参加这次竞聘，我认为自身有以下几方面的优势：

第一，我有良好的政治素养，扎实的法律基本功。工作中政治立场坚定，有较高的思想政治觉悟。在学校期间我努力学习和刻苦钻研，打下了比较扎实的法学理论基础，在基层法院工作期间我的理论知识在实践中得到了检验和提高。并且在其他时间，我时刻关注党的有关政策，关注法律方面的时事，这使我对法律有了更深刻的理解。

第二，我有高度的责任感和强烈的事业心，有吃苦耐劳的精神和开拓进取的意识。我能以大局为重，从不斤斤计较个人利益。遇到困难我会迎难而上，不妥协，不惧怕，把困难当作工作中的动力。并且我会不甘落后，积极学习有关的知识，努力提高自己的专业水平，更好地为法律、为人民服务，时刻谨遵自己的职责。

第三，有较强的适应能力。无论到什么岗位，我都能很快地理清思路，摸清方向，保持头脑清醒。面对新的工作、新的挑战能够积极发挥主观能动性，很快适应新的工作，做出好的成绩。

第四，有团结敬业、积极向上的工作热情。我在工作中服从领导，团结同事，尊重老同志，能够积极参加院里组织的各项活动。并且有着乐观主义精神，能够保持好良好的心态，积极投入到工作中去。

这次我的竞选目标是中层副职，如果能够竞选成功，我将恪尽职守，勤奋工作，鞠躬尽瘁，不辱使命。如果我不能竞选成功，说明我还不具备从事这项神圣工作的条件，我将愉快接受和服从组织决定，不断改造自己，在其他工作岗位上继续努力工作。

谢谢大家！

7.“上下左右归用谢”，获奖感言

2010年年初，18岁的周洋在加拿大温哥华夺得冬奥会女子1500米短道速滑金牌，赛后周洋发表获奖感言：“我可以让爸爸妈妈生活得更好一点儿。”这很实在温暖的一句话却遭到了不点名式的批评，就此引发民间热议。在此不论是与非，就演说本身而言，尽量周全，让听众心里舒服了、温暖了，对于演说者而言，自己也将受益匪浅。

那么，在进行演说时，演说者如何发言才能面面俱到，不失礼于人呢？我总结了七个字，可以避免演说不惹争议——上下左右归用谢。上，即上级领导；下，即团队全体成员；左，单位的上级主管部门；右，协作单位；归，荣誉自己得了，功劳划归别人；用，荣誉不是用来炫耀的，是用来鞭策和激励的；谢，所有帮助过，爱护过我的人们，我永远不会忘记你们，感恩并感谢你们。

各位朋友，大家上午好！

我是××，此时此刻我感到特别荣幸，刚才我听到大会主席叫到我的名字，我真是既高兴又激动！高兴的是，我的项目获奖了；激动的是，今天的颁奖现场这么隆重。尤其刚才我从大屏幕上看到了自己的名字，同时听到了大家这么多的掌声。

感谢上级领导的信任，感谢全体员工的努力，感谢××单位的紧密配合！感谢协作单位的支持，感谢主办单位的竭力组织协调，荣誉归过去，奖杯将激励我再次扬帆……

今后，我会继续努力，争取以更好的成绩回报你们。

8. 做好四点，汇报总结发好言

汇报工作对于职场人士而言，是非常重要的一项工作。工作汇报到位，不仅可以得到领导的重视，还有可能就此被提拔重用，青云直上；如果汇报不到位，说不到点子上，很有可能仕途暗淡，升迁无门。

那么，汇报式的即兴演说中，我们需要注意哪些问题，才能让领导刮目相看？

首先，要目标明确。所谓的目标明确是指你要清楚，你是在向谁汇报，为什么要汇报，应当汇报哪些内容。

其次，可长可短，能简能详。所谓可长可短，能简能详，就是说根据会议的时限要求，适当地增删自己的演说内容：如果时间充足，就对每个要点进行分析论证；如果时间紧张，就拣要点说；如果时间还是不够，就拣关键点说。

再次，条理清晰，形态各异。像这类演说事前主持人会将汇报的主题提前公告，因此，汇报前可以提前制作 PPT 或者打印出纸质的材料，借助文字、图形的优势，为演说加分。

最后，数据准确。任何时候，只要列举事例，且涉及数字，一定要提前论证后才能公开演说，以免人们因数字不准确而失去对演说者的信任。

9. 三大内容，让动员号召铿锵有力

动员号召式的即兴演说，不仅要求演说者在演说时铿锵有力，还应该让听众感觉到会议或者活动邀请单位是真诚可信的。这类演说可从以下三个方面展开：

首先，具体的事具体说。描述事实，要说清楚。不含混其词，一定要有理有据，详细论述。

其次，听众来到现场后，会议或者邀请方对于与会人员有什么

要求，大家可以做什么，不能做什么，要让与会人员了解。

最后，这个活动或者会议带给听众的好处有哪些，这是最重要的一点。能否号召更多的人员参与到活动或者会议中，取决于你手中的“胡萝卜”诱惑是否足够大。

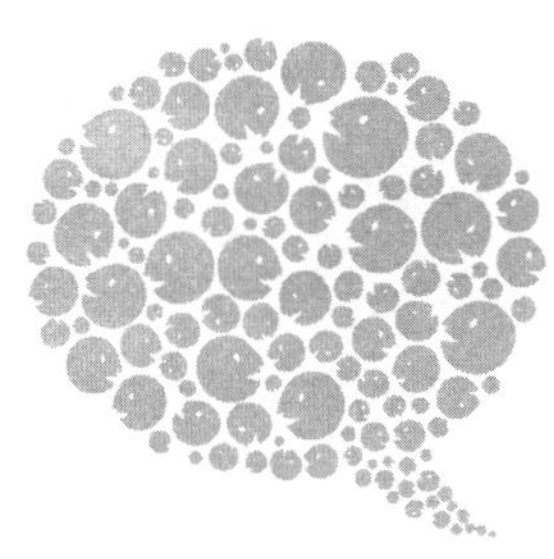

03

职场沟通，语言尽显人格魅力

英国哲学家弗朗西斯·培根说："谈话的范围应当广泛，好像一片原野，每个人行走其中都能左右逢源，而不要成为一条单行道，只能容纳自己一个人。"简言之，如果一个人不懂得如何把话说好，不仅不能左右逢源，还有可能走入一个只能容纳自己的单行道里。在职场中尤为如此，沟通的好坏，直接影响着一个人的职业发展。

职场规则，不得不知

在人际交往的过程中我们发现，有些"东西"不能见诸笔端，也不能时时挂在嘴边，却时时、实实在在地影响着我们对一些事物的判断，这就是所谓的"潜规则"。畅销书《潜规则：中国历史中的真实游戏》的作者吴思先生说：所谓的"潜规则"，便是"隐藏在正式规则之下、却在实际上支配着中国社会运行的规矩"。在职场中，这个"潜规则"则是支配着我们如何与同事交往的行为约定。

1. 逢人只说三分话

现实中，我们将近一半的时间是与同事在一起的，日子久了，戒心也就少了。尤其是一些职业女性，很多事情喜欢拿来跟同事讨论一番。“逢人只说三分话，不可全抛一片心。”这句话出自明朝冯梦龙著的《警世通言》中《杜十娘怒沉百宝箱》的故事。倘若杜十娘不是全抛一片心，又何以落得沉宝投江的下场。

“说三分话”并不是教人虚伪，而是要你有所保留地真诚。真诚是为人处世之本，任何场合，人们都不愿意跟一个满嘴“荒唐言”的人相处。“投我以木瓜，报之以琼琚”，这也是职场良好交往的一种方式。与“说三分话”并不相悖，这“三分话”是我们应该说出来的，另外“七分话”是需要自己慢慢消化掉的，那是不需要向人倾诉，尤其是不能向职场中的同事倾诉的。要知道，当今的职场竞争非常激烈，在激烈的竞争关系中很难获得真正意义上的友谊。因此，最好把自己的嘴巴管好，不要让一些别有用心的人“浑水摸鱼”，致使自己遭遇职场陷阱。

李刚最近因为孩子上学的事情很困扰，连日来他教委学校来回地跑，无法把全部精力投入到公司的事务中。在公司里，难免跟要好的同事抱怨几句。

公司近期要开展一个非常重要的项目，项目结束后升职、加薪是一定的。无论专业知识、工作经验还是对外协调能力，李刚都应该能够成为这个项目组中最重要的一员，甚至担任该项目组的负责人都不为过。为此，他也在积极努力地争取。但是，最终他却被排除在项目组之外。

得知这一结果，他非常郁闷。他找到公司总经理询问原因，总经理的回答却让他后悔不迭。原来，公司总经理找跟李刚要好的那位同事了解他的情况，同事也非常认同他的能力，但是认为最近他被家庭琐事羁绊，担心他不能全力以赴、圆满完任务，而这个项目要求必须短、平、快地完成。公司几个高层经过商量之后决定该项目由那位与李刚比较要好的同事担纲完成。

卡耐基说："一个人的成功，约有15%取决于知识和技术，85%取决于人际交往和口才综合素质。"事实上，这85%有时却恰恰成为人们成功路上的绊脚石。而"逢人只说三分话"是能够管得住自己嘴的处世技巧。身在职场，如行走江湖，往往身不由己。说话小心些，为人谨慎些，才能使自己置身于进可攻、退可守的有利位置，牢牢把握人生的主动权。

2. 难得糊涂的智慧

人们总习惯把"难得糊涂"这四个字与郑板桥联系在一起，因为大家都知道这四个字出自郑板桥一幅较著名的字。在这幅字的下面还有这样的一个题跋："聪明难，糊涂难，由聪明而转入糊涂更难，放一着，退一步，当下心安，非图后来福报也。"我们不必细究郑板桥写下这幅字时的心境如何，单就"难得糊涂"四个字来看，便可让人回味无穷。这里所说的"糊涂"，自然不是真的糊涂，是心存高远，对琐碎枝节不计较，是着眼全局的容人之量，是洞察人性的处世智慧。

社会是很现实的，人心更是难测。身处职场的人，如同同场竞技，每一个人都有可能成为自己的竞争对手，即使是合作与配合默契的搭档，在触及自身利益时也有可能会翻脸不认人。做人的最高境界，就是抱朴守拙。锋芒毕露难免遭人妒恨。是明枪明炮地对着干，还是"难得糊涂"地忍下一时不忿，积蓄力量以待时机，显然后者才是成大事者所为。

“人至察则无徒”，太精明、太计较当然也就交不到真朋友，职场中也是一样。平时糊涂一点儿，给人留有余地，才是共赢之道。

朋友安平是一家上市公司的CMO（首席营销总监），有一次公司要开展一个重大项目，需要先做一个计划。他把这项任务交给了一个比较信得过的同事，但在约定的时间内这位同事并没有完成计划。

当他向同事索要计划时，他的同事谎称：“这份计划是在家里写的，写完后忘了发到邮箱里。”并承诺明天一早一定发到他的邮箱。

当时，因为一些工作上的事情我恰巧在他的办公室，我特别“聪明”地指出：“你的这个下属不老实，他在撒谎。明明自己没有做完，偏偏要说在家里加班做的。”

安平则回答我说：“我知道呀，这个项目虽然重要，但在时间上公司给了我很大的空间，我安排他做计划的时候也在时间上进行了充分的考虑和规划，他即使后天交也来得及，这不影响整个项目的进度。其次，这个同事一直以来工作很认真，很少有不按规定时间完成任务的情况。我如果说破，即使他能明天一早把计划发到我的邮箱，也会因为我让他失了面子而对我心存怨恨。那就得不偿失了！”

安平的做法是非常聪明的，下属因为说谎保住了面子，下班后不仅会努力把计划完成，而且还会从中吸取教训：以后一定按时完工，幸好自己平时很努力，才让领导相信自己的“鬼话”。“难得糊涂”是一种肚量，是眼里可以揉进沙子，“和为贵”的大度，当你包容别人时，也就为自己积累了人情。放眼远处，不死盯别人的缺点，吃小亏才能赚大利。

职场中，真假虚实难辨。别人的话，有些可以当真，有些则完全可左耳进右耳出。“难得糊涂”就是要我们跟任何人都可以做朋友，甚至对一些人的有意冒犯，都能坦然相对。不去较真，也就避免了冲突，才可左右逢源。“难得糊涂”是一种混淆视听的“真清醒”。一个人要想成功地经营自己的职业生涯，就必须清楚自己所处的位置，究竟在这个位子上想要得到什么，怎么去做才能得到自己想要的，而对于一切与这三件事无关的事项，我们都可以“糊涂”对之。

3. 论资排辈的作用

吴思在他的著作《潜规则：中国历史中的真实游戏》一书中曾经说道：“论资排辈是个好东西”。他认为：“论资排辈是阻力最小、压力最轻、各方面都能接受的肥缺分配办法，因为资格和辈分是硬指标，不容易产生争议；再说人人都会老，谁都不会觉得这个办法对自己格外不公平；由于‘老人’关系多、经验足，常常是新人的师长、师兄，新人很难公开反对。”

无论身处何地，要别人认同你的前提都是你首先认同别人。在职场中，你处处认为优于“前辈”，又怎么能让“前辈”看得上你，在他们的眼里你不过是“乳臭未干”的“夜郎自大”而已。

不可否认，学历仍是求职时的一块敲门砖。如果你没有任何职业背景，学历证明着你曾经的成绩，但它仅仅代表了过去。正式进入职场，只有不断地学习才能在职场中站稳脚跟。而尊重有经验的人，才能让自己少走弯路，使自己成长得更快，这是提升自己的职场能力最直接、最有效的方法。此外，有些“老人”由于来单位的时间较长，深谙游戏规则，这些经验更是无法从书本上获取的，因此，只有尊重他们，并虚心地向他们学习，才能少走弯路，进步得更快。尊重，是一种态度。只有认同并以同理之心对待职场中的前辈，他们才会在你的晋升路上推你一把。

4. 表面文章的妙处

职场中，如果你不去主动争取每一个在领导面前表现的机会，我想你的上级或者老板也不会主动把机会送给你。一个单位甚至一个部门中，有的是同事争着在领导面前把最好的自己表现出来。“埋头苦干”充其量也就落一个苦劳，而更多时候，关键的人物如果不知道你的这些“苦劳”，连个“苦功”也有可能捞不到。

很多时候我们不愿意去表现自己，做表面文章。这是因为我们的老祖宗一直在向我们传达并强调着一个理念——谦虚谨慎，小心做人。一直以来我们都误读了它的真实含义，认为表现自己就相当于炫耀和自夸。炫耀和自夸是一种言过其实的虚荣行为，是夸大及高估自己的成就或能力。而表现自己则是一种自信，把自己最好的一面采用恰当的方式展现给领导，这是我们在职场获取认可和肯定的有效方式。

此外，我们总是津津乐道这样一句话:“是金子总会要发光的。”认为只要自己有足够的耐心去等待，机会总有一天会敲响自己的大门。然而，这样的等待是毫无意义的，如果你不发出炫目的光芒，把自己表现出来，很少会有人注意到你的存在和价值。就像做蛋糕要裱花一样，有时表面文章也是很重要的，否则，你可能永远被淹没在芸芸众生之中。

程莉莉和李梅是大学同学，两个人毕业后同时应聘到一家大型广告公司的设计部做平面设计。通过一段时间的锻炼和学习，两个人都成长得很快，但令程莉莉感觉不舒服的是，李梅比她提前一个月转正了，而且薪资也比她高了一个级别。

原来，每一次公司有新项目的时候，李梅都会主动到设计部主任那里一遍遍地陈述自己的设计理念，并且在整个工作过程中，不断地向部门主任汇报她的工作进程。而程莉莉却不是这样做的，每次拿到项目，她总是一个人在那里忙，尽管每次她都会废寝忘食地忙着绘图、设计，但由于没有很好地与部门主任沟通，其设计理念常常得不到领导的认可，因此，其设计方案采用率只有李梅的一半左右。

努力工作并没有错，但在努力的基础上，还要学会聪明工作，做做“表面文章”。聪明工作意味着你要学会动脑，用思考代替“埋头苦干”。这个“聪明”并不是要什么小伎俩，而是一种工作的方法。首先，能做会议幻灯片的，就不要私下讨论；其次，可以写成报告的，就不要口头请示；最后，接到一项工作任务，一定要提交计划书。否则，尽管任务能够圆满完成，那也是等于什么也没有做的一份“苦劳”。

 四项注意，远离职场危机

职场中，会碰到很多意想不到的问题，“职场危机”随时随地潜伏在我们身边。职场这条路要想走得顺，必须清楚哪些事可以做，哪些事不能做；哪些话可以说，哪些话一定不能说。

1. 不要强势的建议

强势的建议，是一种攻击。很多的时候，我们自恃自己说话的出发点是好的，是友善的，因而在语气上难免过于强势，忽略了对方的感受。要知道，在沟通中，强势的建议，也是一种攻击。心理学家希勒说过：“更多的证据显示，我们总希望得到别人的赞扬，同样我们也都害怕受人指责。”因此，无论沟通的目的如何，一定要注意对方的感受。批评他人时，如果语气委婉，且能够站在对方的立场上，体现爱护和真诚，对方也会欣然接受；反之，即使是非常好的建议，也会因为阴沉的面孔和严厉的语气而让对方心生反感。

约翰·华纳梅克，19世纪美国费城商人。有一次他去自己的商店巡视，发现店员们只顾挤在一个角落里高兴地聊天，把店里的生意放在了一边。一位顾客在柜台前站了很久，也没有一个店员前去招待。

华纳梅克见此情景，并没有大声斥责店员，而是自己悄悄地走进柜台，亲自接待这位顾客，他把顾客要买的东西交给其中一名店员打包，然后一言不发地离开了商店。

之后，这些店员再也没犯过同样的错误。

很多时候批评是没有用的，它容易使人采取守势，极力为自己的错误辩护。由于华纳梅克巧妙地维护了店员的尊严，这种被尊重的感觉促使他们在日后的工作中更加努力和用心。

刘霞毕业后一直在一家民营企业上班。单位的发展趋势不错，从她来到公司的第一年开始，每年一个台阶，公司的规模不断壮大。跟刘霞同时进入公司的几个同事，有的已经升为部门经理，还有的已经进入公司的中高层，只有她还依旧是研发部的一名普通职员，这跟她的处事方式不无关系。

她心里总是搁不住事儿，有什么就说什么，从来不会隐瞒自己的观点，这让她得罪了不少人。比如：有的同事把茶水倒在纸篓里，弄得一地水，她会叫他不要这样做；有的人爱没完没了地打电话，她就告诉他不要随便浪费公司的资源；还有一些同事喜欢在上班时间上购物网站买私人用品，她会嫌人家上班时间购物……

她本是一片好心，因为同事的这些行为如果被领导们看见了，不是被批评，就是被扣绩效。可是，由于她说话的方式太过直接，把他们都给得罪了，同事们不仅不领情，每个人都对她意见很大，甚至同事们聚会也都将她置于局外。

她与同事们的关系就是这样疏远了，随之而来的，就是与同时进入公司的同事之间的差距也被拉大了。

当一个人受到强势的指责和批评之后，很容易激起本能的反抗,其危害是非常巨大的。卡耐基说:“人们不喜欢改变自己的决定，他们不可能在强迫和威胁下同意别人的观点，但他们接受态度和蔼而又委婉的开导。”当你不得不批评一个人时，也应该懂得以委婉和善的方式进行，避免指责和过于严厉的批评。

实话实说本身并没有错，心胸坦荡、为人正直这是许多人都赞赏的美德。如果实话实说变成了指责，那就只能是伤人了，而伤人的话绝对称不上美德。因此，即使实话实说，也要考虑时间、地点、对象，以及说话方式是否易于被人接受。

2. 不论他人是与非

《格言联璧》中有云：“静坐常思己过，闲谈莫论人非。”意思是说，没事的时候我们要多想想自己的不足和缺点，才能在与他人说话时不随便议论他人的短长。当然，这是我个人的解读，实际上作者想说的很多，但之于职场，解读到这些足以。在“职场规则，不得不知”一节中，我曾提出“逢人只说三分话”，旨在提醒大家为人处世要谨慎小心，所谓“害人之心不可有，防人之心不可无”。不用事事都说与他人知。那么“闲谈莫论人非”则是让大家明白，要学会换位思考，常思己过，体谅他人的难处，才能不言他人是非，使自己不断成长，避免是非。

如今的职场中流行一种“病毒”——就是闲暇之余以议论他人的长短为乐，尤其以取笑单位和单位的各级领导为趣事，或者以传播小道消息为乐趣。殊不知，这些内容一旦传入当事人的耳中，必将给自己带来无法预计的后果。要知道“祸从口出”，与同事之间的相处要把握好尺度，更不可与同事随便议论领导的是非。即使是关系非常要好的同事之间，相互发一些有关上司的牢骚，也是非常不明智的行为。

郭莉是一个性格开朗的女孩，大学毕业就应聘到一家不错的企业，担任该公司人力资源部总监助理。由于她的性格活泼，为人大方，深得领导欢心。因此，公司里一些重要的工作领导都愿意交给她做，工作之余也愿意与她聊聊天。

这家公司在当地的影响力很大，因此单位里经常有人为了把自己的亲戚塞进来，想方设法巴结郭莉的上司——人力资源总监，这让她的上司十分反感。由于郭莉少不更事，加上自己得到这份工作并没有费多大力气，听到这些事只觉得新鲜、好玩儿。

某天中午午餐时，郭莉与一个比较要好的同事一起在食堂就餐，闲谈时她就把自己知道的一些事情说了出来。没想到，她的那位同事早就垂涎人力资源部的闲适，为了能够顺利地进入人力资源部，她就把郭莉告诉她的事情一五一十地告诉了郭莉的上司。这令郭莉的上司大为恼火，觉得郭莉嘴不严，靠不住，便找了个机会把郭莉调到分公司一个无关紧要的职位上去了。

郭莉把自己部门的一些琐事当成趣闻逸事与同事闲聊，这是非常不职业的一种表现。正常的闲谈，无可厚非，这本是人们精神生活的一部分。能够与周围的人进行充分交流，并明确表达自己的思想和观点，也是一个人沟通能力的表现。但是一定要把握分寸，明白是非曲直，哪些话可以说，哪些话永远不能讲，一定要把握好。“闲谈莫论人非”就要“静坐常思己过”，只有在静坐下来时常想到自己待人处事方面的疏忽与不足，才能理解他人苦衷。同理他人，也就不会随便论他人之非了。

3. 不得罪“小人”

什么是小人，我们来看余秋雨在他的《历史的暗角》中一段关于“小人”的议论，他说：“历史上许多钢铸铁浇般的政治家、军事家，最终悲怅辞世的时候，最痛恨的不是自己明确的政敌和对手，而是曾经给过自己很多腻耳的佳言和突变的脸色，最终还说不清究竟是敌人还是朋友的那些人物。处于弥留之际的政治家和军事家死不瞑目，颤动的嘴唇艰难地吐出一个词汇‘小人’……”。可见“小人”的隐蔽性之高，破坏力之强都是超乎我们想象的。

俗话说：“不怕没好事，就怕没好人。”这里所谓的“没好人”，我们姑且称之为“小人”。诚如余秋雨先生在他的《论小人》一文指出“小人”的特征之一就是“见不得美好”，当然是见不得他人能够得到美好。因此，我们可以得出，所谓“小人”便是破坏别人“好事”的人。

什么事才能称得上是“好事”？在整个事件中如果能够名利双收，我们说这是“大好事”，那么，从中得其一便是“好事”。老话说得好：“人生三不斗——不与君子斗名，不与小人斗利，不与天地斗巧。”君子之名，远播于外，与其斗难免使自己落下“小人”之嫌，不妨让其得名，自己得利；天有不测风云，无论你设计如何巧妙，如果不懂得顺势而为，也将于事无补，功亏一篑。

那么，“小人”看重什么？余秋雨先生在《论小人》一文中还指出“小人”逐利的本质，他说：“小人见不得权力。不管在什么情况下，小人的注意力总会拐弯抹角地绕向权力的天平，在旁人看来根本绕不通的地方，他们也能飞檐走壁绕进去。他们表面上是历尽艰险为当权者着想，实际上只想着当权者手上的权力，但作为小人他们对权力本身又不迷醉，只迷醉权力背后自己有可能得到的利益。因此，乍一看他们是在投靠谁、背叛谁、效忠谁、出卖谁，其实他们压根儿就没有人的概念，只有实际私利。”既然清楚这一点，不妨让其利，自己落其名，也避免了与“小人”为利益纷争给自己带来的麻烦。

事实上，“小人”的定义是非常主观的。职场中会遇到形形色色的人，由于利益冲突或私人恩怨，我们会被别人“陷害”，这些人就成了我们眼中的“小人”。为了避免得罪他们，最好的办法就是以一颗包容之心与之相待，避免不必要的冲突。再就是管住自己的一张嘴，不授人之柄，给其可乘之机。

4. 不说消极的话

美国北卡罗来纳大学教堂山分校对189名职业经理人进行研究，让他们以自言自语的方式，结合工作给自己写一封信，发现表现积极者比表现消极者在领导力和创造力上的得分更高。耶稣也非常强调语言的力量：“因为要凭你的话定你为义，也要凭你的话定你有罪。”“生死在舌头的权下。”消极的语言如同伤人的匕首，说得多了不仅会伤到别人，也会给自己带来诸多的负面能量，使自己处于更加被动的局面。久而久之，人们就不愿意跟你来往。

事实上，消极的语言，并不能解决自己所面临的困难，也不会给别人提供任何帮助。身处职场，一定要注意尽量不要使用那些消极的语言，从而影响自己的职业生涯。那么，哪些语言是消极的语言呢？

1）“我没法与他合作！”

这句的话潜台词是：“我认为他没有团队合作精神，我不愿意与他合作。”但是，这句话既伤害了同事，也让老板认为你小气、不成熟，势必会影响你在企业中未来的发展。与其意气用事，不如多拿出可行性方案，有针对性地提出问题，更能彰显自己的能力，得到同事的认可，得到领导的重视。

2）“这事怎么能怪我呢？”

这句的话潜台词是：“要怪也要怪某某。”显然你是在推脱责任。不管事情的责任方到底是不是自己，客观描述并分析事情的过程要比急着把自己摘干净更为妥当。

3）“为什么升他不升我？”“他凭什么比我拿得多？”

这类话的潜台词是：“我比他强。”嫉妒是个坏情绪，需要引起我们的重视。事实上，或许你的同事真的不如你，但之所以老板给他升职加薪，肯定有诸多考虑。与其抱怨滋事，不如努力地寻找原因，客观地评判自己，以积极的心态应对职场上的不平才是正道。

4）“我怕我做不好。”“这个任务根本就不可能完成！”“这活儿真的没法干啦！”

职场并不因为你是弱者而对你手下留情、有所照顾，任何职业对人的要求都是从能否圆满完成工作的角度出发的。“我做不好。”“这活儿真的没法干啦！”那好呀，有的是愿意做也能把这件事情做得好的人，把它交给别人好了；“这个任务根本不可能完成！”不管你的职位有多高，都要记住一点，你的工作就是协助你的上司完成任务。老板和上司压力不一定比你小，也许这个任务真的定得过于重了，给领导信心，给自己信心，即使最后真的完不成，就那股子势不可挡的勇气也足以让领导们对你另眼相看。

5）“这活儿我一直都是这么做的。”

事事无绝对，任何事情都不是一成不变的，“变才是唯一的不变”。任何时候，服从领导听指挥都是没有错的。

美国马萨诸塞大学的心理学教授苏珊·克劳斯·惠特本博士称：“即使你不是管理者，在自言自语中贬低、批评自己，把变化视为灾难，也会使人很快变得多疑、犹豫，个人能力受到限制，难以想出解决问题的办法。”最终，你就会觉得越来越手足无措。

一个人的感觉如何，取决于他的心态。而一个人的心态如何，则与他的语言和行为有关。一个试验失败了，如果你说：“我们还是失败了！”整个试验室的人都会跟着你沮丧；但如果你说：“这次的失败注定了我们下一次试验的胜利，因为失败乃成功之母！”瞬间，整个团队的人会因为你的乐观而振奋。很多事情，从表面上看来，似乎不那么乐观，消极的语言也就随口而出。但如果每次遇到那些表面看起来“不是很乐观的事”时，能够换个角度看待问题，并尝试着用积极的方式去处理，效果也就会有所不同。

与上司和睦相处

工作中，员工很少有机会跟自己的老板打交道，而自己的一切行为结果大多经由上司传达到老板那里。换言之，一个人在一家企业的前程如何，就一定程度上而言，要取决于其与上司之间关系的质量。

职场中，很多人认为和上司进行良好沟通很难，但又深知维护与上司的良好关系非同小可。其实，与上司进行良好的沟通并没有想象的那么难，人与人之间的沟通，尤其是上下级之间的交流，只要用心就能顺畅。

1. 拿出一份真心

法国作家大仲马说："一两重的真诚，等于一吨重的聪明。"待人真诚，是人际交往的一条准则。每个人都渴望得到他人的关注，但如果我们只想着让别人注意自己，而不真诚待人，将永远无法得到他人真挚而诚恳的心。对我们的上司也是一样，与其掏空心思讨得他的喜欢，不如拿出一份真心，真诚以待，一点一滴地去积累你在他心目中的信用值。

王磊身材瘦弱矮小、脸色苍白。今天他要去一家自己向往已久的跨国公司应聘推售员的工作。面试他的人事经理看着眼前这位弱不禁风的年轻人，忍不住摇了摇头。

他又认真地看了一遍王磊的简历，然后抬头问道："以前做过推销的工作吗？"

王磊诚实地回答说："没有。"

"那么，请回答几个有关销售的问题。"王磊配合着点了一下头，人事经理接着说道："推销员的目的是什么？"

"让消费者了解产品，从而心甘情愿地花钱买它。"他不假思索地回答。

"你打算怎样和你的推销对象开始谈话？"人事经理接着问。

"今天的天气真不错！"王磊想了一下接着说，"或者您的气色看上去真得很不错！"

"你有没有办法把帽子卖给和尚？"人事经理抛出了这个老问题。

"先生，我真的没有办法让和尚买帽子，因为他们确实不需要。"王磊稍加思索，然后谨慎而真诚地说出自己的想法。

人事经理听完王磊的话，眼前一亮，然后兴奋地告诉王磊，下周一他可以准时到公司报到。人事经理说："关于这个问题，在你之前的几个应征者都是按照网上搜索到的内容进行回答，只有你把自己真实的想法告诉了我。所以，你通过了！"

法国批判现实主义作家左拉说过："真诚是通向荣誉之路。"在真诚面前，所有的语言技巧都是没有用的。或者说，任何一项语言技巧都是建立在真诚以待的基础之上的。

事实证明，语言的魅力并不在于它的华丽和流畅，恰恰在于语言的使用者是否倾注了真感情，是否表达了真诚。同样，你的上司也是一名员工，你与他之间只是分工不同，他的指令也会出现错误。对于上司不合理、不恰当的指令，不能出面顶撞，但也不可盲从。盲从的后果既是害己也是害他。找到恰当的时机，有技巧地把问题摆出来，并给出解决办法，这才是上司真正需要的。人与人之间是否真诚相待，相互之间是有感觉的。拿出真心，久而久之，自然就能得到上司的赞赏。

2. 不留痕迹地表功

一个人无论多么能干，如果得不到上司的认可和信赖，也是徒劳无功的。但是，争取上司的器重，让他看到并记住你的苦劳也并非易事。因为，一旦表现过火，反而有“居功”“抢功”之嫌。

李丽自从毕业之后就在一家不错的广告公司上班。一直以来，她工作认真勤恳，为人开朗大方，公司的同事对她赞赏有加。但是，这一切似乎并没有被她的上司看到。

李丽不喜欢有点儿小成绩就主动到上司那里表露一番，有时候，她的上司也会让下属随便谈论一下自己取得的成绩，她总是谦虚地说：“其实，我也没有做出什么成绩，都是在大家的帮助和努力下完成的！”后来，她才意识到这样的回答并没有让上司意识到这是她的谦虚，反而使她的上司觉得她真的什么都没有做。

痛定思痛，她下定决心跟自己的上司换一种沟通方式。机会很快来了，她只花了一个星期就成交了一笔数额不菲的大单。在一次工作汇报中，她看到领导的心情不错，当工作汇报结束后，假装轻描淡写地提起：“我刚和一个朋友谈完，就成交了这笔生意。前后还不到几分钟的时间。”

她的上司听了果真非常高兴，并建议她马上通知公司的公关部，好让公司的同事都知道这笔不错的进账。

再后来，李丽就成为这家广告公司销售部的一名主管。

事实上，不管你付出了多少努力，如果你自己不提，不会有谁愿意帮你去告诉上司。而你的上司也不会将自己的注意力集中在某个员工的业绩上，他们关心的是整个部门的运转。不留痕迹地表功劳，也是一种交际技巧。

那么，怎么做才能不显山不露水地把自己的功绩展现出来，并得到上司的认可和信赖呢？

1）勤汇报

主动汇报工作进展，可以让上司对你的任务完成状况有清晰的了解和认识。很多员工接到工作任务后，自认为了解任务的性质，一味地埋头苦干，很少向上司汇报，这对于工作任务的完成是非常不利的。其实，工作进展得是否顺利，你的顶头上司是非常在意的，然而又不能每天事无巨细地主动询问你，这个时候我们不妨主动汇报，做到让其心中有数，从而提高满意度，获得他的信任。此外，如果在执行过程中遇到不可突破的难题，也可借汇报的机会向他提出，不要给他造成只有有了困难才找他的不良印象。

2）顺其意

每个人都有自己的行为方式和个性，都希望别人按照自己的行事风格处理问题。尤其作为一个小有成就的主管领导，是有一定的控制欲的。工作中，如果想让工作开展得顺利，就要学会投其所好地完成工作，以领导提倡的方式工作，自己的才华才能更好地得到他的肯定和认可。

3）察其色

作为一名出色的员工，想要成为上司的好助手，必须有“眼观六路，耳听八方”的本领，才能够迅速捕捉上司的心理动态，全面、准确地掌握周围环境传达出来的信息。只有清楚地了解、掌握这些情报，才能准确地把握时机，说明你在工作中遇到的问题，提出你的建议。

4）述其志

机会总是留给有准备的人。如果想在公司获得长远的发展，就要做好准备，时刻接受上司的观察和考验。然而，尽管你踌躇满志，如果仅是默默地埋头苦干，你的上司当然无法了解你的真实想法。可是你又不能直接向上司表白："头儿，我想在这里与你一起大干一场，把我大学时的理想、抱负在这个舞台上挥洒。"这样一来，你的上司十有八九会被你吓倒，他可能会先摸摸你的头看你有没有发烧。因此，工作时你一定要让自己做事果断，冷静处理问题，对待工作积极主动；工作中则要主动向上司争取更多的授权，积极地要求参加一些专业培训；用你的进取精神感染、带动更多的人；等等。当然，在这个过程中，一定不要忘了适时表达自己对上司的衷心："无论什么时候，您都是把我领进门的师傅。""无论什么时候，您都是我的老领导。"……千万不能让他产生"你的努力是想取代他"的想法。否则，还不如"不表现"。

3. 巧妙地拒绝

职场中，很多人都会遭遇上司提出的无理要求。拒绝还是一口应承下来，都是非常有风险的。如果一口应承下来，给自己的工作徒增许多烦恼，说不定还影响到其他主要任务的工作进度；如果拒绝的方式不恰当，曾经给上司留下的好印象很可能瞬间坍塌。那么，究竟如何拒绝上司的无理要求才算妥当？

1）对事不对人

首先，一定要时刻提醒自己要对事不对人。很多时候上司也是迫不得已，我们在拒绝的时候只需就事论事，以委婉和善的态度与之沟通，相信会得到上司的体谅。

2）客观陈述拒绝的理由

其次，客观陈述拒绝的理由。在现代企业里，虽说加班是常事，但是如果上司一定要把大量的工作交付给你，而你深感不堪重负时，可以勇敢地向上司提出。但是，在陈述的过程中，一定要有理有据，要采取上司能够接受的沟通方式与之沟通，以取得他的谅解。

3）提出解决的办法和途径

最后，提出解决的办法和途径。我们要清楚一点，上司也是没有办法才让你承担大量工作的，最重要的是你要为他找到解决的办法和途径，比如，请求增加人手或者要求其他部门调派援手。只要表达恰当，分析得有条理，你的上司一定会认真考虑的。假如遇到非常难缠的角色，切忌千万不要怄气。总之，无论什么时候，上司都不会拒绝一个合理的请求，也不会拒绝一个努力帮他想办法的人。

林立来公司有一段时间了。每次上司交给他任务，他都二话不说，一口应承下来。但是，林立的做法导致的结果是，上司把更多的任务交给他，已经到了他无法承受的地步，这着实令他苦恼了一阵子。

经过一番深思熟虑之后，他决定找上司谈谈。来到上司的办公室之后他并没有直接说工作有多重，而先把近期他接手的几项工作进行了完整的汇报，并就接下来应该怎么做进行了一番规划。

领导听完林立的汇报之后，也是眼前一亮，忍不住夸赞道："不错，非常不错！接下来，还有什么困难吗？"

林立一看时机到了，马上说："头儿，您这一说，还真有些困难……"说着，他拿出一套计划书，指着其中的一项继续说，"您看，这块儿不是我擅长的，如果再招聘一个同事协助我，我想我会完成得更好，而且一定会在您规定的时间内完成。"

林立这么一说，他的上司立刻意识到最近给林立加的工作太多了。于是，他爽快地承诺："回去好好干吧，明天我让李凌协助你完成这个项目。"

在工作中我们也常会碰到一些来自上司的要求，如果你确实力不能及而不得不表示拒绝时，千万不要马上表示不可接受，而要先谢谢他对你的信任和看重，并表明自己对这项工作的重视，提出有效的解决方案，再含蓄地表达自己的困难。只有这样，才能赢得上司的理解和信任，为以后的工作铺就一条平坦的大道。

4. 给他安全感

生活中，总有一些人比较敏感，没有安全感，总是小心提防着身边的所有人，小心呵护着自己得之不易的位子。"这个臭小子最近总是那么爱在我领导面前表现，是不是想要取代我。""那个臭丫头没来几天吧，天天往我上司的办公室扎，什么意思？”因此，要想取得这类上司的信任，一定要格外注意隐藏好自己的锋芒，并适时地向他们示好，让他们感受到自己是安全的。

1）严重缺乏自信心型

遇到能力不足、严重缺乏自信心的上司时，作为下属最好不要在公开场合指出上司的失误或不足之处，而应尽量帮助并推动其发挥自身特长。工作中，为了消除上司的疑虑，需要他做决策前，尽量多准备几套方案，并进行细致地解析，以便他做出决断。否则，备选方案太少，在执行过程中他很可能随时改变决定，给你的工作带来更多不利因素。

2）亲力亲为型

对于对别人缺乏信任感，凡事喜欢亲力亲为的上司，则要事先跟他多沟通，及时消除误会，按时、按质完成任务。

3）脾气火暴型

碰上一位脾气不太好的领导，确实非常考验一个人的内涵。但是，如果无法避免冲突，学习一些处世之道与之周旋是十分必要的。对于过分自信、不讲道理的上司，就要抱着学习的态度，放大他的优点，认真倾听他的观点和理由，采取温和的谈话方式与其沟通，压制住自己的表现欲，并将自己的成绩降到最低，将他的功劳放到最大。其实，这一类型的上司做事往往雷厉风行，行事果断，能力也非常强，在这一类型上司的带领下工作，业绩往往也是骄人的。

何新是某外企大客户部经理。最近他们公司研发了一款新产品，将作为本年度的重点推广产品。根据市场情报，竞争对手也研发了一款同类型的产品，也将在不久后上市。

董事会经过慎重讨论，决定必须在三个月内抢占全国市场，才能保证这款产品日后的销量，市场总监也在董事会上立下了军令状。对于公司的大客户部经理而言，抢占市场先机，必须做好这个“开路先锋”。

于是，市场总监对何新说：“三个月内必须让公司的这款产品遍地开花，否则，拿辞呈来见我。”当然，对于市场总监的这类要求，何新已经司空见惯，就在一周前，销售部另外一位同事因为没有完成任务曾被他骂得狗血淋头。

何新回到办公室后，紧急召集他的部下研究销售对策，很快他们制定出一套可行性方案，并把各项工作的主次、处理方式，以及存在的困难一一作了详细说明，于次日交到市场总监手中。

市场总监看到他的方案，只说了一句：“按你的计划做事，所有困难我来处理。”

三个月后，该产品享誉国内。何新由于在销售过程中有出色表现，被总监提名并评为公司本年度优秀员工。

与上司和谐相处，才能为自己营造良好的工作氛围。每个人都有自己的脾气，一个人的优点往往也是他的缺点。换个角度去看待问题，站在对方的立场去思考，必将收获一个不一样的人生。

5. 坦然、积极应对误解、误批

职场中，被上司误解、误批在所难免，关键在于被误解、误批之后作为当事人的处理方式。对于一些处事相对消极的人而言，这或许还真是个事儿，搞不好从此与上司磕碰不断，直到自己愤然离职，还暗叹遇人不贤，令自己前程不“坦”。但对于一些职场老手或者人际高手而言，这没准儿就是一个“绝处逢生”的好机会。区别就在于一念之间，是消极处理还是积极应对，前者必是“此处不留爷，自有留爷处”地自毁前程，后者则是化“危机”为“机遇”的“大智大勇”。

李丽学历不高，只有高中文凭的她经人推荐来到一家不错的外贸公司做销售助理。这是一个非常锻炼人的岗位，李丽非常喜欢这来之不易的第一份工作，加上她聪明伶俐，很快得到了上司的赏识，也因此她比同时进入这家公司的几个同事转正都快。

有一次，他们单位从国外引进了一批不错的钢材，销售部的业务人员也很给力，很快将这批钢材全数预订出去。作为销售助理，光忙着打印销售单据李丽就打了一天，但是她一点儿也不含糊，仔细核对着每一单销售数据，经确认无误后才转交上司签字。

来到上司的办公室后，上司正与客户谈事，她礼貌地把销售单据放在上司的办公桌上便悄然离开。但是，第二天上司来到李丽所在的办公室，劈头就问:“为什么还不把昨天的销售单据交给我签字发货？”还恶狠狠地说，“你知道你耽误了公司多少事儿吗？”

当着整个办公室同事的面，被上司这么一通乱批，李丽觉得在同事们面前很没面子，因此，她非常不满地顶撞过去。当她的上司在自己的办公桌上看到昨天下班前李丽递上来的销售单据时，也有些内疚。但由于李丽顶撞他时言辞激烈，他一时也难以释怀。

事后，李丽一直坚持自己没有错，也没有主动找上司解释此事，而是任由事情往不好的方向发展。

没过多久，人事部以她的学历不符合单位要求为由将她辞退。

职场上，需要熟练的技能和辛勤地工作，更需要灵活的交往方式和容人之量。李丽是个聪明的女孩子，但是由于年轻气盛，受不得半点委屈，上司的几句批评其实没什么大不了的，等他发泄过后再去找他把事情说清楚也就过去了。作为下属尚觉得在人面前被“批”面子上过不去，何况作为上司当众被人指出错误呢？

那么，被人误解、误批时，如何处理才是正道？

1）换位思考

首先，学会换位思考。职场人际关系是复杂的，谁也不可能左右逢源，面面俱到。上司做出的一些决定和行为或许是经过他深思熟虑的；或许不过是一时性急的口不择言；或许是他准备好的“一场戏”，特意演给一些“特殊人群”看的，你恰好成了他的一个“道具”。如果能忍下一时之忿，必将收获一片“蓝天”；如果处理过激，也必将“自毁前程”。

2）主动沟通

其次，主动沟通。这很重要，上文中的李丽如果在事后找到上司，主动沟通并真诚地致以歉意，毕竟错不在自己，或许会获得上司的谅解，也不致被单位辞退。事实上，很多时候人与人之间的相处都是一种“理”不讲不清，“话”不说不明的关系。如果已经明显地感觉到上司对自己心存不满，不妨找准机会主动走上前去伸出自己的“橄榄枝”，向上司展示一个真实的自我，让他对你有一个较为全面的了解和认识。

俗话说：“解铃还须系铃人。”必要时，不妨针对上司对自己的误解坦白地谈谈，这样既能直指问题要害，把结解开，又能为彼此的交流创造一种坦诚、公开的气氛，从而有利于解决问题。

3）用行动证明

最后，行胜于言，用行动证明一切。某些时候，一些误会或者误解是越解释越深。其实，只要自己心怀坦荡、问心无愧，还不如暂时把事情搁置，用切实的行动证明一切。

6. 为上司打圆场

常言道：“金无足赤，人无完人。”上司也有犯错的时候，不小心在人前犯了错误，面子上自然过不去，这时候如果下属能及时站出来为上司打个“圆场”，维护上司的面子，自然能够赢得上司的信任和青睐。一般而言，随着上司职位的不断升高，每天所要应酬与处理的事情也会相应增多。因此，难免会造成一些工作上的疏忽和遗漏。作为下属，一定要恰当地采取措施，弥补他的疏忽和遗漏，使工作顺利开展下去。

程浩到卫生局工作有一段时间了，身为局长秘书他深悉处事之道，为人求实肯干。因此，深得局里领导及同事们的喜欢。

有一次，局里召集各科室的负责人开会，准备安排下一阶段的工作任务。在会议开始的汇报工作中，由于有位科长工作责任心不强，局里交办的几项工作都没做好，还为局里捅了不小的“娄子”，致使局长发了不小的脾气，顿时会议气氛变得紧张。

程浩目睹此景，瞅准时机建议局长先休息十分钟。在休息间歇，他递了一张纸条给局长，上面写道：“刘局，会前您曾说过，这个会议的主要议题是布置工作，动员干部，刚才的会议气氛有点儿紧张，不利于这次会议的顺利进行。有些问题是不是专门开个会或会后解决更好呢？”

局长看到程浩递来的小纸条，立刻意识到自己刚才在会议上的不当举动，他非常感激地看了程浩一眼。当会议再次启动后，局长已经恢复了常态，并把议题引向正常的会议议程上。

此次会议圆满结束。会后，局长拍着程浩的肩膀说：“程浩，今天多亏你的提醒呀，小伙子，前程无量呀！”

作为下属，理应随时维护上司的面子、尊严和权威，尤其是在上司犯错、遇到尴尬的时候，若能及时为其“圆场”，势必赢得上司的好感，为自己的职业生涯增添成功的砝码。

跟平级同事良好沟通

职场中，良好的人际沟通能使人很快在工作中打开局面，为自己赢得宽松的发展空间，并可从中获得较高的成就感。反之，一个在职场中不善于沟通的人，他的职场生涯也将举步维艰。

1. 巧妙应对被同事抢功

俗话说："常在江湖飘，哪能不挨刀。"借这句话形容职场就是"常在职场混，哪能不被抢"。我曾在前文中强调职场竞争的残酷性，事实如此，究其根本左不过一个"利"字，诚如我国古代史学家司马迁所言："天下熙熙，皆为利来；天下攘攘，皆为利往。"近些年来，由于培训的关系，接触到大量的职场朋友，跟他们聊天时发现，工作中，70%的朋友都曾经历被同事抢功的情况。费尽心思所得的成果被恶意掠夺，是可忍孰不可忍！那么如何处理，才能既不伤害同事的感情，又能确保自己在日后的工作中不再遭遇类似事件呢？

1）暗度陈仓

面对那种心思特别缜密，只会"巧取"不屑于"豪夺"的"夺功"高手，为了日后能跟他们维持表面上的和睦，还是需要巧妙应对的。否则，小不忍就要结下"梁子"，这也是职场大忌。尽量不要与任何同事产生矛盾，因为每一个人都有他的一个小圈子，你本来以为自己得罪的只是一个人，但很有可能得罪的是这个人所在的一个团体。

刘颖被一家同行广告公司看重，禁不起高薪的诱惑，她向老板递交了辞呈。在新单位，她高调亮相，博得了新同事不少艳羡的眼神。当然，作为一名广告行业的知名策划高手，刘颖绝非浪得虚名，她交给新老板的第一个策划案便得到了高度认可。

没想到的是，这家公司的人际关系非常复杂，这让她倍感压力，如履薄冰，因此她非常小心地呵护着这份工作，跟同事间尽量保持一定的距离。却只对一个同事例外——这个人叫肖丽娜，人长得甜美可人，一双大大的眼睛，加上两腮边甜甜的酒窝，虽同为女性，仍不可避免地被她甜美的外表打动。加上这个小姑娘很会办事，总在刘颖加班的时候给她送点儿小零食、小点心什么的，让初来乍到的刘颖倍感温暖。

就这样，刘颖陶醉在肖丽娜的“糖衣”下。

一天，当刘颖把自己精心策划的一套案子交到上司手上时，上司脸色相当难看，并且非常厌恶地对她说：“我本来很看重你的才华和敬业精神，没有新点子也没什么，但你不该抄袭其他同事的创意。”

这让刘颖大吃一惊，她发现上司手中的策划案竟然和她上交的这套案子非常相似，而策划人竟是肖丽娜！她很想和上司吵一架，但作为一个职场老手，她知道这没有任何意义，她在等待一个时机。

这一天，上司又安排下来一个非常重要的项目，刘颖多留了一个心眼儿。她做了A、B两套不同的案子，把认为比较满意的那套A方案拿回家去做，而把自己认为非常一般的B方案留在公司做，而且从不避讳肖丽娜，甚至有时候故意拿出来跟她讨论一下自己这套方案的可行性。

在这个过程中，刘颖已经悄悄地将A、B两套方案进行了比较，并交给她的上司，同时对上司说："B方案是我给肖丽娜看过的，A方案是我在家里加班完成的。"

次日，肖丽娜将篡改后的B方案交到上司的手上，这让刘颖的上司非常恼火。其后，他再次找刘颖了解了事情的全部经过，知道真相后上司更加不满。

此后不久，肖丽娜接到公司人力资源部的辞退书。

2）以退为进

在现实中，功劳被抢，如何做出反应？有的时候确实非常为难。百般忍让只会助长小人的气焰，而以牙还牙则将是无休止的办公室争斗。不如以退为进，伺机而行，方为上策。我们要相信"老板的眼睛是雪亮的"，事情终究有一天会水落石出。换一个角度看，之所以功劳被抢，说明自己本身就有被"抢夺"的资本，是"金子"总会要发光的，"这一票"让他了。我想作为一个"掠夺者"，被"掠夺者"的这种胸怀都够他好好思量的。

李文在公司人缘特别好，原因就是别人做不来的事都愿意找她帮忙，而且是"不记名"；明明文件是她起草的，却偏偏署上别人的名字"招摇过市"；明明这个方案的创意是从她这儿得来的，结果到了老板那里，却是同事的功劳。这在外人看来不可思议，但她却是一副无所谓的态度，只是她的职位却越升越高，直到有一天她做了公司的总经理助理，再也没人敢来抢她的"功"了。

当人们请教她成功的秘诀时，她总是笑着说：“可能是我的人缘好吧。”她的同事则总结说：“她是一个非常有胸怀的人！”

职场中，正确地看待自己的功劳被抢，利用合理渠道反映真实情况，对结果抱宽容态度是应对“抢功”的上上之策。

2. 及时处理“被”变味的话

我们都知道在沟通中存在沟通“漏斗”，但在职场沟通中，除了正常的沟通“漏斗”给人们带来的沟通障碍之外，有些时候会被一些别有用心的人曲解或者添油加醋，导致与当事人表述的本意不一致，并被转述给另外一方，给当事人造成不利的影响。

雷明最近感到非常奇怪，财务室的张立一改以往的热情劲儿，突然对自己变得非常冷淡。细想之下，自己似乎也没做什么对不起他的事情，况且自己在单位里是出了名的“好好先生”，从不得罪人。他决定找个机会找张立好好谈一谈。

这一天下班后，雷明要加班完成一个项目，经过财务室的时候，发现张立也在加班，他感觉机会来了。他走进财务室，微笑着跟张立打招呼：“月底了，又要加班呀？”张立抬头一看是雷明，只在鼻子里“嗯”了一下算是回应。雷明也不恼火，继续厚着脸皮说：“一会儿下班我请你吃饭哈，上次报销的时候要不是你帮忙紧着忙活，我的钱没有那么快下来，上个月因为装修，哥们儿手头急需要钱呀。”

“嗨，这是我正常的工作呀。”张立的脸色稍稍缓和了一下。

“啥也别说了，等我忙完手上的活儿咱们一块儿喝两口，你对我的照顾，哥们儿可都记着呢。”说着雷明拍拍张立的肩膀强调说，“你先忙着，一会儿我来找你！”

餐桌上，雷明趁两个人说得正热乎的时候把自己心中的困惑说了出来。张立告诉雷明，有同事告诉他，雷明跟同事们说他是一个“假好人”，表面一套背后一套。雷明非常诧异，因为他深谙职场之道，是绝不会在同事之间论短长的。

他突然想起，有一次有个同事曾经跟他抱怨张立太呆板了，搞得报销流程太过复杂。他为张立辩解了一句说：“你是还不太了解张立，他其实是一位非常值得交往的好人。”没想到，这话到了张立这里就变了“味道”。好在他反应及时，得以跟张立冰释前嫌。

这充分验证了职场就是“江湖”的说法，一句非常善意的话传到最后，意思却相差了十万八千里。如果不尽早找当事者好好沟通，恐怕事态会继续恶化下去。职场中，如果一个原本跟自己相处得不错的同事突然对自己的态度大变，那么一定是发生了什么事情，要及时找机会向同事了解原因，不可听任事情继续发展，让事情恶化。

3. 正确看待曾经攻击过自己的人

我在上文中提到了，“话被同事变了味”应当及时回应和处理，以免给自己带来更多的困扰和麻烦。但是，职场中，不知道什么时候我们就会成为别人嘴里那个被评头论足的“主角”，而当有人来告诉我们，谁说了你什么时，一定要冷静，认真分析，谨慎对待。此时，最好的办法就是一笑了之，其实真的没有什么大不了的。

人毕竟是群居动物，无论我们身在何处，在每个人的内心深处，总是渴望着多结交几个真心的朋友，没有一个人愿意处处树敌。而我们总是固执地认为，给过自己帮助和利益的人就是自己的朋友，把曾经伤害过自己的人想当然地看成敌人，从而处处与其为难，毫不相让。我们或许听说过这样一则故事：

有一只小鸟要飞往南方过冬。然而它还没有飞到南方，天气就已经很冷了，小鸟被冻僵了，从高空坠落到一片农田里。

恰巧这时，来了一头母牛在小鸟的身上拉了一泡屎，冻僵的小鸟在温暖的牛粪里苏醒了过来。它躺在那里非常开心，它开始放声歌唱，以庆祝它的重生。

有只小猫从旁路过，听到了牛粪里传出的歌声，它非常好奇。于是，它把牛粪扒开，当它发现在牛粪里唱歌的竟然是一只小鸟时，毫不迟疑地一口就把小鸟吃掉了。

现实有时也如此，把我们从“屎堆”里拉出来的那个人未必就是朋友，而在我们身上“拉屎”的那个人未必就是敌人。工作、生活中，我们太容易被表象迷惑，以致把大把的时间浪费在没有意义的争斗上，而忽略了身边那些潜藏的危险。

于涵被朋友推荐到一家外资企业任行政主管，虽然这不是他的专长，但是可观的薪资收入和优厚的福利待遇最终使他说服了自己。行政部的工作繁杂而单调，这让他缺乏工作热情，加上部门里有个同事处处与他为敌，常为一些鸡毛蒜皮的小事与他争吵，令他苦恼不已。他也想过换份工作，但他有点儿放不下这份优厚的薪资待遇。

有一次，于涵有幸跟公司的策划总监一起出差，两个人很投缘。这位总监了解到于涵的处境，当即建议他到自己的策划部工作。回到公司后，于涵很顺利地调到了策划部。

出于感恩，于涵不遗余力地支持着自己的上司，凡是对这位上司不利的人，他都躲得远远的，并看作自己的敌人，甚至自己策划的案子被署上总监的名字,他也毫不在意。但是，于涵慢慢发现了一些不好的苗头，这位总监似乎并不怎么信任他，一些重要的工作从不让他插手，而他的每一项工作都要经过检查,当有人提出给于涵升职时,这位总监却百般阻挠，不给他一点儿上升的机会。

此时，于涵才知道，当初这位总监不过是看重他在文案方面的能力，并以此来提升自己在公司的影响力。当他的这个目的实现了，他又担心于涵的能力太过出众而影响到自己的地位，因而时时对于涵加以限制和阻挠。

最后，于涵不得不向公司递交辞呈，到另一家广告公司担任策划总监。

生活就是这么具有讽刺意味，我们非常倚重的人可能会欺骗我们，而那些常常为些小事与我们争吵的人却并没有真正伤害到我们。工作中，切不可以一时得失评判一个人，正如英国前首相帕默斯顿勋爵所说:“世界上没有永恒的敌人，只有永恒的利益。”之所以“道”不合，只是因为“利”的冲突而已。

4. 宽容接纳被孤立

职场中，我们经常看到这样的现象：平时大家嘘寒问暖，关系融洽，但是，突然有一天你被领导委派了一项重要任务，很快公司又给你加了薪水，此时你再看同事们的嘴脸，很多人恨不能把你打入十八层地狱。你对所有同事笑脸相迎，到处制造欢乐，上司赏识你，其他同事更是夸赞你是大家的开心果，但是，你再回到自己的部门一看，另外那几个家伙对你“横挑鼻子竖挑脸”，所有私下里的活动都要绕开你，而你最终找不到哪里做得不够好。

事实上，很多时候并不是你做得不够好，你做了自己该做的，得到自己应该得到的，制造错误的或者说正在犯错误的是他们，而不是你。面对同事间有意地倾轧，不要太过在意，最好的办法就是装作什么都没有发生过，找个合适的机会把大家叫在一起，喝杯咖啡或者一起喝个小酒。同事本身就没有真恩怨，所谓“一笑泯恩仇”，用自己的真诚和大度换取同事们的支持和理解。

方言是一个性格开朗的女孩子，来这家公司的行政部工作已经有几年了。由于性格关系，她在公司的人缘不错，深得上司及公司其他同事的喜爱。

可方言最近很郁闷，公司来了三位新的女同事，这三个小妹妹似乎都有意防着她，对她敬而远之。平时工作中，她们对上司还是一副认真负责的态度，对公司其他的同事则时时摆出一副不太友好的姿态。只是其他同事跟她们不同处一室，矛盾也就不那么突出，而她则整天要跟她们“抬头不见低头见”，总也绕不开她们，办公室的气氛相当压抑，却又无计可施。

一天，一个女孩要外出办事，正好方言也有外出的任务，两个人的办事地点又相差不远，她主动向这个女孩提出邀请，说自己开车可以带她过去。刚开始，女孩犹豫着拒绝，但禁不住方言热情相邀，就答应了。

一路上，两个人聊了很多。原来，她们三个人由于年龄及来公司的时间差不多，有更多的共同话题和兴趣爱好，所以平时走得近一些，加上有个女孩曾经说方言爱向领导打小报告，所以三个人确实有意孤立她。

经过一番了解，那个女孩之所以说方言爱向领导打小报告，不过是她在给上司的工作汇报中的一次无心之过，让上司误会了那个小妹妹，从而遭受了一些委屈。

事后，方言找机会请三个女孩吃了一次饭，并为自己的无心之过真诚道歉。同时，把自己工作中的一些经验及职场的处世之道分享给她们。不久之后，方言因为出色的工作表现，被公司提升为行政部主管。当行政总监宣布这个任命的时候，这三个女孩给方言的掌声最为热烈。

工作本身就是人际关系的经营，人际关系经营得好，工作就会顺利。同样一项工作任务，人际关系经营好的人一定比人际关系经营差的人更快速完成。要想经营好人际关系，靠投机取巧只能换来一时的安宁，更多的时候考量的是一个人的胸怀、度量和待人的诚意。而胸怀、度量和诚意会形成一个巨大的能量场，影响着我们周围的人以同样的方式向我们聚拢。

和下属交往的方圆之道

亚里士多德曾经说过：“一个独立生活的人，他不是野兽就是上帝。”没有一个人可以独立生活在这个世界上。尤其作为一名领导者，绝不可能过上“独行僧”一样的日子，良好的沟通能力及人际交往方式是一位优秀管理者必备的基本素质。

1. 批评下属要讲艺术

古人云：“人非圣贤，孰能无过？”有过而不接受批评，只能让其在错误的道路上越走越远。同理，作为一名优秀的管理者，发现自己的下属有错而不去纠正或者给予鞭策，也同样是害了他。但是，不是每一个人都能虚心和坦然地接受别人的批评。因此，聪明的管理者是懂得使用批评技巧和方法的人。

1）针对不同类型的人采用不同的批评方式

由于人们的性格不同，在遭遇批评时其反应也有所不同。在提出批评之前，最好根据该下属的性格选择不同的表达方式，避免产生因性格因素造成的不满。比如：对于平时不常犯错误，并且意识到自己的错误就改的下属，点到为止；对于性格耿直的下属最好是有话直说，他们一般能抗得住，也不喜欢你绕来绕去，否则反而让他们认为上司虚伪……

2）批评他人之前先做自我批评

这种方法能够减轻下属的心理负担和抗拒心理，顺利地让他们接受批评，从而能够冷静地审视自己，改正自己的错误。

3）运用抑扬结合法

作为管理者要清楚批评的目的是什么，不是以气势压倒对方，不是为了批评而批评，而是通过批评让下属认识自己的错误，改正自己的错误，获得成长。因此，在提出批评之前，不妨找出下属的长处及平时对团队的贡献等称赞一番，并以一些善意的忠告和鼓励结尾。这种方法更容易让下属认识到自己的错误，也能让下属同理自己的立场，站在管理者的角度上思考问题。比如：发现秘书写的总结有不妥之处，作为领导，应该这样批评秘书："小王，你这份总结写得很好呀，思路清楚，重点突出，你一定下了不少功夫吧？"在确定上述信息后，接着提出自己的看法："只是这几个地方你看是不是有些言过其实呢？没有量化的分析是不是影响说服力呢……"然后，再给予更大的鼓励："你的文笔不错，相信你一定能改出一个更好的来。"

这种表达方式不仅会让下属很舒服，而且可以让下属体会到领导对自己的器重与期待，从而以更快的速度成长。

4）注意批评的场合

上司在对下属进行批评时，一定要让下属明白原因。因此，在提出批评之前一定要把事件的缘由调查清楚，同时也要与被批者确认。批评时一定要分清场合，有其他同事在场或者客户在场都不是很好的谈话场所，没有人愿意当着他人的面被批评，尤其对于中国人而言，"丢面子"可是件大事。

2. 避免与下属发生冲突

美国普林斯顿大学曾经对近一万份人事档案进行细致的调查与分析，得出一个结论：智慧、经验和专业技术其实只占成功因素的 25%，其余 75% 则取决于良好的人际沟通。但事实上，几乎每一个新上任或者有着多年管理经验的领导者都不可避免地与下属发生过言辞激烈的冲突。那么，如何与下属沟通、相处，才能避免冲突，让自己带领的团队劲儿往一处使，从而顺利实现团队目标，这是每一个领导者的必修课。

1）尊重下属，多给予肯定

在工作的传达中，要多使用肯定、鼓励和赞赏的语言，少用或者根本不要使用命令、质问的语气。比如："你怎么把事情搞得这么糟？""你是怎么办事的！""这件事你要负责到底！"……这样的语言不仅会让员工觉得领导者不懂得尊重别人，还蛮不讲理，以权压人，并由此产生委屈、愤怒、反感等一系列的负面情绪，从而与上司产生冲突。

陆奇负责的一个项目马上就要到交期了，而下一个项目公司应客户要求也将工期缩短了很多。新旧项目交接，杂事很多，工作进度缓慢令陆奇烦恼不已。然而，更让他感到不如意的是，他总觉得员工不体谅自己，处处与他为敌。他安排下属徐东办理新一期项目用料提取清单报批，可几天过去了，什么进展都没有。于是，他把徐东叫来，劈头就问："我前两天让你提交的用料提取单交上去了吗？"

"交上去了，李总让我们先等着，等审批通过了会通知我们的。”徐东回答说。

“你倒是催一催呀，别把清单交上去就完事了呀，就这点儿事儿，这么长时间了还没搞定。”陆奇非常不满地说。

面对陆奇的指责，徐东觉得非常委屈。在徐东看来，交清单是自己的事，而批不批并非自己能够决定的。于是，他当即反驳说：“这个审批公司要按流程走，我也是没有办法呀，又不是我能说了算的。”

陆奇觉得徐东太不负责了，于是提高嗓门说：“不能把单子交上去就完事了，这个项目非常紧急，你又不是不知道，耽误了工期你能负责吗？”

……

几天后，陆奇检查工作时发现，这项工作仍旧没有什么进展。

经验丰富的职场高手在与下属相处的过程中都有这样的体会，为了让沟通顺畅且达到预期的沟通目的，很多时候不得不尝试做出一些让步和改变，因为较之改变别人，不如改变自己更为容易。如果陆奇在与徐东沟通的过程中，能稍稍克制一下自己的情绪，改变一下自己的谈话方式，两个人之间就不会产生冲突，事情就会得到很好的解决。

2）巧用“期待效应”

美国心理学家罗森塔尔做过一个试验。他和助手来到一所小学，声称进行一个“未来发展趋势测验”，他们从中随机抽取了一部分孩子，并将他们列入“最有发展前途者”的名单中，用充满期待的口吻把这份名单交到校长及相关老师的手里。半年后，奇迹出现了，凡是有幸被列入名单中的学生，各个方面都取得了明显的进步，尤其成绩提高得很快。这个试验后来被人们称为“罗森塔尔效应”，也叫“期待效应”。

“期待效应”告诉我们一个事实，当我们以积极和肯定的态度传递出对某一个人的期望时，就会使他在未来的发展中获得更大的进步和提高。比如，在上述陆奇的案例中，假如陆奇是这样与徐东沟通的：

陆奇：“用料提取单交上去了吗？”

徐东：“递上去了，李总说先让我们等等，审批通过后会通知我们。”

陆奇：“哦，这样呀。你也知道咱们这个项目，时间紧任务重。咱们总这么等着可不是个办法呀，不然不可能将这个工作交给你去做呀，你向来在公司的人缘好，会来事儿，这件事情非你拿不下呀。想想办法，看明天能给咱们批下来吗？”

徐东：“陆总，您也知道，按以前的经验和公司规定，都不可能这么快出结果。不过，我明天再去催催，让李总给咱们想想办法。”

通过这样的沟通，徐东肯定会积极地促成这件事情，其结果就不言而喻了。

3. 下属之间的矛盾要调和

职场中，作为一名领导者，不仅自己不可避免地会与下属之间发生冲突，下属之间也同样会因为性格、教育程度、表达方式等方面的差异产生矛盾。当下属之间狼烟欲起之时，作为他们的上司如果置之不理，任其发展，势必会影响整个团队的凝聚力，从而导致团队的整体绩效下降。

程浩负责的一个项目马上要验收了，但是客户对于质量的要求非常苛刻，检验了几次，客户都不满意，这让程浩头疼不已。

在工作总结会上，程浩的两名下属为此爆发冲突，吵得不可开交。下属甲认为客户不验收是因为下属乙的态度太过强硬，而下属乙则认为下属甲有意挑剔自己，以此推卸责任。

自此之后，两个人就不再说话。本身这个项目组的办公室中就没有几个人，由于受这两个人情绪的感染，致使整个办公室的氛围变得格外压抑。程浩安排下去的工作，只要涉及他们两个人交接和沟通的地方，就会互相扯皮，造成拖延，影响了团队的整体绩效。

美国关于团队冲突的一项调查显示，导致团队绩效下降的原因 65% 源于团队成员之间的不良冲突。同时，“鲶鱼效应”又告诉我们这样一个道理，团队中存在适当的矛盾或冲突能够有效地激活员工的工作热情和激情，展现活力，从而在团队中形成一种人人积极向上的竞争氛围。

那么，当下属间“风雨乍起”之时，管理者该如何处理，才能始终保持团队积极向上的良好氛围？

1）有效倾听，引导双方进行换位思考

当下属间产生矛盾时，切不可不分青红皂白，一顿臭训。如此一来，不仅不能缓解矛盾，还有可能让冲突升级，激化下属间的矛盾。最好的办法就是认真倾听下属产生分歧并由此导致冲突的真正原因，引导双方进行换位思考。比如，上述故事中的程浩完全可以在事后找到两人，认真倾听两人的心声。显然，甲之所以指责乙对客户的态度不友好是出于希望项目通过验收的渴望，而乙在指责过程中认为甲对自己有意挑剔，以此推卸责任。此时，程浩应当引导两人进行换位思考。比如，他可以尝试着问一下事端的挑起者甲："如果你被人当众指责会有什么样的感受？"同时，再以同样的方式问乙："如果你是甲，当你被人说自己是一个推卸责任、虚伪的人时，你是不是也会很不舒服呢？"如此一来，可以使两人重新审视自己，冷静地思考问题、分析问题，从而找到解决问题的方法。

2）客观、公平、公正

无论面对怎样的矛盾，作为双方的上司，一定要公平、公正、客观地评判事件，切不可偏袒一方，致使矛盾和冲突转移到自己这里。

3）提出方案，跟踪结果

当双方在上司的干预下仍无法达成一致，且双方都心存强烈不满时，作为领导者应当提出一个解决方案，让双方都有"舍"有"得"，并在其后进行跟踪。

4. 以人格魅力改变下属的“顺而不从”

在工作中，我们经常遇到这样的下属。在布置工作时，有些下属二话不说，满口应承。可是到了真正实施的时候，有时马马虎虎交工，有时进度缓慢，还有时错误百出……但每次向他们提出批评时，他们都态度真诚，一副痛改前非的良好态度。然而，在下一次的任务执行中，“旧疾”又会复燃，其执行结果较之前没有差别。这就是典型的“顺而不从”，让领导有种干着急还无法发作的郁闷。

出现这种情况，管理学上认为主要源于员工个人执行力不足。所谓执行力，仅从字面来看意指一个人对于工作任务、目标实现的能力。那么，作为一名领导者，如何应对员工“顺而不从”？有关研究表明：员工的工作态度往往与领导者的威信、奖惩制度及沟通方式有关。

李然的部门来了一个从某知名大学新招聘的大学生张新。张新性格外向，富有朝气，而且善于与人沟通，因此虽然他来公司没多久，但同事们都很喜欢他。

作为张新的直接领导，李然也不可避免地喜欢上这位新同事。他觉得张新犹如一泓清泉，把原本“死水”一般的办公环境给激活了。但是，让李然郁闷的是，每次交给张新的工作任务，他都完成得不好，或者拖拖拉拉，在李然的一再催促下才草草完工。每次当李然批评他时，他的认错态度都非常好，让一向以“处事实在”著称的李然不得不信。可是，下一次把任务交给他时，张新的表现仍然让李然非常失望。李然想让人力资源部辞退他，可又有点儿舍不得。

这天，两人一起外出办事，中午不能赶回单位，两人决定在外一起就餐。就餐过程中，李然问了张新几个关于自己未来职业生涯发展的问题。李然发现，张新还是一个非常有想法的人，他非常庆幸自己没有仓促地辞退他。当李然问到张新对目前岗位的看法时，张新神情黯淡地表示："他非常喜欢目前就职的这家公司，但不太喜欢目前的工作，他更愿意到一线与客户接触。"至此，李然终于找到了问题的根源。

事后，李然建议公司把张新调到公司客户部，很快得到人力资源部的批复。张新自调入客户部后犹如换了一个人，工作积极、用心，受到客户的一致称赞。公司很快把他提升为客户部主管。而张新在调入客户部时，把自己大学时的一个同学推荐给了李然，鉴于张新的影响力，同学对李然非常信服，工作上也不含糊，李然也非常满意。自此，李然和张新在公司成为一对无话不谈的好朋友。

李然是一位非常合格的领导者，相信在未来他会有更大的发展。面对下属的"顺而不从"，很多领导者对下属缺乏足够的耐心与充分的沟通，对下属内心的真正需求缺乏深层次的了解，更别说积极地为下属谋划出路。当张新的同学来到公司后，对李然非常信服，因为他知道在李然的领导下，自己的能力是不会被埋没的。与人沟通，尤其是与下属之间的沟通，不仅要坦诚，还要有度量。与其说李然是用心在与张新沟通，不如说是李然用他的人格魅力打动了张新。

04

谈判，舌头的谋略

台湾谈判专家刘必荣老师著有一本描述谈判术的专著——《攻守之道》。作者在该书的序言中提到:“谈判就是战斗，而谈判的攻防战术，也就是能成功地‘请君入瓮’或‘不战而屈人之兵’的巧言权谋。”我认为有一定的道理。但是，我更赞赏哈佛大学教授罗杰·费希尔与威廉·尤里、布鲁斯·巴顿合著的《谈判力》一书中的观点:“谈判是从别人那里寻求自己所需的一个基本途径，是与谈判方存在相同和不同利益时寻求解决方案的相互交流。”

是的，谈判无须攻守，是寻求存在问题解决方案的一种交流，是双方能够坚守立场的一种文化碰撞，是最终实现双方利益、价值最大化的一种合作。

八大原则，让谈判有序进行

很多人在谈判中惧怕面对洽谈过程中的冲突。同时，在谈判过程中，他们会刻意避免洽谈中难以应付的方案，并且很容易做出让步;与之恰恰相反的是，还有一些人可能因为过分固执，总是站在自己的立场上，无法审时度势地做出必要的让步，从而导致失去整个项目。

如何在谈判过程中既不“左”，也不“右”地让谈判导向利于双方合作的方向？为此，在谈判过程中，掌握一些谈判的原则显得尤为重要。

1. 平等自愿——谈判基础

平等自愿原则是谈判的基础。在谈判过程中无论各方的经济实力强弱、组织规模大小如何，都应该坚持地位平等、自愿合作、平等协商、公平交易的基本原则，这也是保证谈判有效进行的必要条件。

在谈判过程中贯彻平等自愿原则，可以有效地保证谈判各方互相尊重、以礼相待，任何一方都不能仗势欺人、以强凌弱，把自己的意志强加于人。

2. 合理合法，共同发展

谈判不仅要合理，更要合法，这也是谈判得以推进的一个基础条件。任何一个合作必须建立在遵守国家法律法规、政策的基础之上。此外，跨国项目的合作谈判还应当遵循有关的国际法律法规，以及对方国家的相关法律法规。

3. 诚实守信——合作基础

“人无信不立。”诚实守信是为人之道，是处世之本。尤其是在谈判的过程中，如果其中任意一方“出尔反尔，朝告夕改”，势必失信于人，破坏双方的合作氛围，导致谈判破裂。

同时，在谈判中，信任对方也是守信的基础之一。只有信任对方，才能得到对方的信任，信任是相互的。

此外，在谈判过程中，切忌不轻诺于人，这也是信守诺言的重要保障。否则，很容易陷自己于“轻诺寡信”的境地，最终将失去对方对自己的信任。

4. 互利互惠，各取所需

谈判各方只有在追求自身利益的同时，充分考虑并尊重他方的利益诉求，才能立足于互利合作，在谈判中互谅互让，从而获得互惠双赢的未来。在谈判过程中，任何一方都有权要求对方做出某些让步，而任何一方也都有必要对他方所提出的要求做出相应的让步。只有这样，谈判各方才能够对谈判合作中获取的利益进行切割，使谈判各方从中受益。

5. 求同存异，协商合作

尽管谈判强调合作而非冲突，但谈判的过程中各种问题、各种因素交织，往往不可避免地会产生一些矛盾甚至冲突。作为一名出色的谈判者，应该善于合理运用合作与冲突，在平等互利的基础上，从大局着眼，努力寻求各方的共同利益，才能求同存异，共谋发展。

此外，一旦产生分歧，谈判者很容易出现一些“情绪”问题。为了避免谈判过程中的情绪化反应给谈判带来不利影响，谈判者应当注意以下三个问题：

1）及时发现和调解各方的情绪

在商务谈判中若发现自己有情绪激动、心烦意乱、跟对方赌气的迹象，应及时分析原因并设法加以控制；同时，在谈判的过程中，一旦发现他方有对立情绪，也应坦诚地与他方展开讨论，相互交心，以消除其对谈判的不利影响。

2）有良好的心态和容人的度量

一名出色的谈判者必须拥有良好的心态和容人的度量。在谈判的过程中，容许谈判对手发泄怨气，不仅体现出谈判者良好的道德修为，更有利于促进双方合作的发展。

3）以真诚友好的心态应对每一次谈判

一名出色的谈判者，是善于表达真诚友好的人。“用真诚架起沟通的桥梁”，任何一次谈话，任何一项谈判，都应以真诚友好的心态去应对。

6. 客观公正，尊重事实

有时候要想做到客观公正，真的很难，人是感情动物，多数时候我们会凭借自己的个人喜好去判断事物。然而在谈判的过程中，意愿不能成为谈判的基础。只有充分尊重事实，客观公平地评判谈判对手、评判谈判过程，以及谈判过程中的变数，并提出客观的标准和合理的要求，才能顺利推进谈判。

又到了每年一次的出口交易会。公司整年的销售业绩，是否能够再上一个台阶，取决于整个交易会的成交量。为了进一步打开国际市场，NG公司进行了充分的准备。

作为NG公司的销售总监，张立领衔参加此次交易会。交易会一开始，一位外国企业代表对NG的一些产品非常感兴趣，在张立热情、专业的招待下，双方很快进入初步洽谈程序。

但是，对方就是否愿意进一步合作，始终不肯给张立一个明确的答复。张立一再追问之下才知道，由于国外一些不实的报道，使得这位企业代表对我国整个行业的产品质量都不信任，同时他对引进之后的销路也不看好。

面对这一情况，张立话锋一转说："您一定认识贵国CB公司的彼德·李斯特总经理吧？"

"当然，他可是这个行业有名的专家。"该企业代表兴奋地说。

接着，张立列举了CB公司彼德·李斯特从类似的一笔生意中获得实惠的数据。

该企业代表回到宾馆后，迅速与CB公司的彼德·李斯特取得联系，并验证了张立提及的相关情况。第二天他兴冲冲地找到张立，并与之签订了一份数额相当可观的贸易合同。

此案例中，该企业代表来参加订货会之前，由于对我国市场的情况缺乏了解，加上看了一些不实的报道，对于我国的产品质量没有客观的评判，险些因此失去了一个良好的合作机会。幸好我方代表通过充分沟通，了解了真实的原因，并以事实为依据，及时消除了该企业代表的疑虑，使得双方顺利达成合作。

7. 人事有别，认真对待

在谈判的过程中，一定要区分好"事"和"人"的关系，做到对事不对人。这说起来容易做起来难，因为谈判者首先是人。由于价值观、生活背景及看待问题的角度不同，当分歧产生时，我们很难不把目光聚焦到谈判者的身上。

要想做到在整个谈判过程中客观、公正地对待对方，对事不对人，需要谈判者在谈判过程中时刻提醒自己：

提醒自己“对事不对人”

在谈判的过程中，一定要针对具体问题，而非谈判者的个性特征。

要就事论事，正确对待、处理由谈判者带来的谈判问题。换位思考假如你是对方该当如何；正确地提出自己的看法，也不要妄加猜疑，不用自己的疑虑推断别人的意图。

无论何时，一定要注意控制好自己的负面情绪。诚如《谈判力》中所言：“不把对手当作普通人，忽视他们的反应，往往会给谈判带来灾难性后果。”

在谈判过程中，要认真倾听对方的谈话，如果遇到对方情绪波动，要做到心中有数，而不是被对方情绪牵着走。同时，积极主动地消除对方的负面情绪，比如，适时的赞扬、善意的提醒，以及一句真诚的致歉等，都能让谈判进入良性发展轨道。

8. 立场不对立，利益共同取

所谓的立场不对立，旨在寻求双方立场背后的共同需求，并非对立的立场背后就不存在共同的利益需求。比如：《三国演义》中曹操之所以能说服县令陈宫放他生路并弃官相随，那是因为曹操慷慨激昂地对陈宫说：“我是大汉开国功臣曹参之后，历祖历宗食汉禄已经有四百年了。如果不思回报，那么和禽兽又有什么不同？我之所以屈身而事董贼，实际上是虚与委蛇，要等待时机，好为国家除害。今天事情不成，反被追缉，只能说是天意啊。”曹操对陈宫说这番话，是因为曹操非常清楚陈宫对董卓把持朝政的做法极为不满。此时，尽管两人的立场不同，但其背后追求的利益却是一致的——忠于汉室、反对董卓。因此，曹操的这番“演说”轻而易举地就打动了陈宫，使之弃官相随。

很多时候人们之所以秉持某种立场，最终也不过是为了尽可能地争取自己所期望的利益。此时，如果立场产生了对立，无疑源于利益争取不当产生的冲突。因此，在谈判的过程中，我们应当把注意力集中于相互之间共同利益的获取，而不是各方应持有何种立场。如果把注意力放在后者，必将合作无望。

有备无患，让谈判有序行进

孙子曰：“知己知彼，百战不殆。”谈判桌上风云变幻，谈判者要想在谈判中灵活地应对各种突发问题，掌控谈判的局势，就必须做好各项准备工作。在谈判准备过程中，谈判者除了要对自身情况进行全面剖析外，还要设法全面了解谈判对手的情况，这包括：对方的需求、动机、参与谈判人员的行事风格及文化信仰等。只有经过细致入微的分析，才能有针对性地提出共赢的可行性方案。

1. 信息多寡，决定谈判优劣势

随着科学技术的发展，我们已经进入一个信息爆炸的时代，了解信息、掌握信息已成为人们成功进行各种活动的保证。尤其在谈判活动中，谈判双方除了实力因素造成的谈判障碍外，信息掌握的多寡也将决定谁更能掌握谈判的主动。此外，信息的搜集也有助于了解谈判对手的意图，以便更好地制订谈判计划、确定谈判策略和战略。

作为谈判者，要想做好谈判前的准备工作，首先，要从对方所处的文化和社会环境入手，分析谈判对手的谈判风格，正确预测谈判对手可能在谈判中表现出来的行为。其次，全方位地掌握谈判对手的信息，才有可能制定正确的谈判战略，掌控谈判的方向和进程。

1）知其习性

所谓“一方水土养一方人”，不同文化背景中的人有着截然不同的行为。因此，这里所谓的“知其习性”，就是要研究并深入了解谈判对手的生活环境、行为特征，以此判断谈判对手在谈判过程中可能的行为表现及其语言特质等。在所有的谈判准备工作中，正确预测谈判对手的行为表现是非常重要的一项内容。因为不同的生活背景、文化背景下的人，其价值观、思维逻辑和行为特点多多少少都会有差别，有时甚至大相径庭。了解清楚这一点，对于在谈判过程中，对方谈判代表所表现出来的有异于己方的价值观和行为才能够接纳、包容，谈判才能顺利进行。

2）明其目的

“与奸猾人谋事，惟一刻不忘其所图，方能知其所言。”充分了解并挖掘对手的需求、目的，才能预测谈判对手可能会提出的问题及难题。当然，在这一过程中，还需要了解谈判对手对己方情况的掌握程度。

每一次谈判，都不可心存“一蹴而就”的幻想，只有经过细致入微的调查分析，缜密周详的布局，才能在谈判中占据优势地位。而谈判的艺术就在于通过缜密的信息分析，明确各方利益需求异同之处，并在其基础上创建最佳组合方案。

> 只有一个橘子，却有两个小孩，为了追求利益均等，两个小孩决定将这个橘子对半分为两份。但其结果是：一个小孩把橘子皮扔进了垃圾筒，把橘子肉放到榨汁机里榨汁喝；另一个小孩则把橘子肉扔掉，把橘子皮打碎，放入面包粉中做了面包。

如果大家的共同利益如同故事中的橘子被均分了，表面看来对于双方而言是公平的，但无疑这是一场失败的交易或合作，因为双方并没有各取所需，使得双方获得的价值、利益最大化。

3）知其弱点

无论谈判的对手有多么强大，都不可避免地存在一些弱点。因此，在谈判未正式进行之前，要对谈判对手进行全面的分析，以获得最准确的资料，尤其要充分挖掘其弱点，才能在谈判过程中让对手有所畏惧。这弱点包括谈判对手团队的谈判弱点、需求弱点、性格缺陷和组合搭配上的不合理性等。即使对方看似比你强大很多，一旦你掌握了他的这些弱点，并将其与对方的需求关联，在谈判过程中就能紧紧地钳制对方。

此外，还要了解：什么事情对对方来说是最重要的，什么事情是不重要的；如果谈判失败，会对他个人产生什么影响；谁负责检查和评估整个谈判的过程及结果等信息。

李毅在国内一家知名的精密仪器企业做采购工作。该企业需要生产一种新产品，但是该产品有一种零件需要从国外引进。经过细致的调查研究，他锁定了一家国外企业。双方经过多次洽谈，但未能在价格上达成一致，致使双方合作协议迟迟未签。

李毅决定再做最后的努力，如果还是不能达成一致，他决定放弃该企业。在谈判开始之前，他委托自己几年前移民该国的同学就该产品在该国的市场行情做了充分的了解。并且，李毅的同学还告诉他一个令他非常振奋的消息：该企业在经营管理上陷入了困境，面临一笔巨额债务。目前，他们正在四处开拓产品销路，寻找买主，以期快速回笼资金。

谈判一开始，对方就对自己企业在国际上的知名度进行了详细的介绍，并声称按照其知名度，其产品单价应定为4000美元。但李毅把事前经过调查取得的资料一一摆放在他们面前，并告诉对方，根据他的了解，国际上的同类产品价格大致在3000美元左右。这令对方十分震惊，并同意将产品价格降至3000美元。

然而，根据李毅对该企业的了解，他当即向对方提出2500美元的价格，并强硬地提出，如果这个价格无法成交，他将放弃合作。没想到，对方也以非常强硬态度表示无法接受李毅的提议，并提出要终止谈判。

李毅非常镇定地当即表示很遗憾，同意终止谈判，且礼貌地希望双方以后有机会再行合作。这倒令对方始料未及，他们没有想到李毅的态度如此坚决，只好主动示好，并表示可以再进一步讨论，最终双方以2700美元的价格成交。

总之，对谈判对手进行评估的时候，信息来源是多方面的，而信息的准确性更是至关重要的。我们身处一个信息技术迅猛发展的时代，信息的搜集方式则是多种多样的，比如：可以到图书馆浏览相关杂志、书籍，或通过网络搜索，也可以通过与谈判对手的人交谈，查看该公司的年报、市场调查报告、旧简报等。

广撒网，勤收集，才能在谈判中争取占据更多的优势，从而有助于向对方抛出更加利己的方案，为己方谋取利益、价值的最大化。

2. 分析评估，合理布局

在掌握双方的基本情况之后，若要最大限度地发挥自身优势，争取谈判的最佳结局，就要机动灵活地运用谈判策略和合理布局。要知道，谈判双方虽非真正意义上的敌我关系，但未来的利益分配必然会有一些纷争。

在谈判开始之前，通过分析评估，进行合理布局，制定得当的谈判策略，方可在谈判过程把控局面，让谈判向着更加利己的方向推进，为自己的组织或团队创造更大的价值。

1）明确谈判目标

在上谈判桌之前，我们至少应该弄清楚一件事情——此次谈判的目标是什么？因为它是确保谈判成功的基础。谈判目标是通过谈判要达到的目的和期望。说白了，就是确定你想要的东西是否在对方手中，而对方想要的东西是否在你手中。正因为如此，大家才有可能坐在同一张谈判桌上。比如：你想购买一辆价格30万元的汽车。那么，对于你而言，30万元与同等价格、符合你日常行事风格的汽车就是你要锁定的目标；对于汽车销售商而言，帮你挑选一款30万元，并符合你行事风格的汽车便是他的目标。

只有在谈判中紧紧围绕目标，才不会顾此失彼，得不偿失。还是以购车为例，如果在购车之前你没有制订相关目标，或者即使制订了目标，而在谈判过程中由于受情绪、外界，如销售人员的谈判技巧、朋友的劝导等因素影响，没有围绕之前制订的目标进行，买了高出预期价格的你不喜欢的车子。对于你而言，这是一次失败的购物体验和谈判；对于汽车销售商而言，由于他在接触你之后，没有很好地洞察出你的购买动机和目标，没有做出合理的目标计划，即使他通过良好的谈判技巧推销出一款不符合你行事风格的车子，他也会因为你事后的懊悔而失去一个口碑效应式的宣传机会，同样不能说是一次真正意义上的成功谈判。因此，在设定谈判目标时，不仅要设定自己的目标，还要设定对手的目标。要全面地了解和评估谈判对手，才能“知己知彼，百战不殆”。

制订谈判目标要本着实用、合理合法的原则。所谓实用，就是合乎己方组织机构、团队等要求的，是与高层领导或者组织机构、团队的负责人取得一致并且确认通过的。具体包括：己方组织机构或者团队的要求是什么，什么是公司必须坚持的，什么是公司可以放弃的。所谓合理合法，是指经过调查、了解对方的谈判动机，并从中探索出有利于推动谈判顺利进行的合理组合方案，而且这套方案符合相关法律规范。

2）设定谈判角色

谈判中，有时是需要单兵作战的，譬如对于一些重复性的、简单的销售工作，由于目标单一而明确，只要业务熟练，是不需要团队协作的。而对于一些重大项目的谈判，有时需要更多的人参与进来，甚至需要组建一个临时的谈判协作小组，多人合作，谈判才能取得成功。在这种情况下，要合理配置谈判角色，并且要在谈判的准备阶段就规划好。那么，一个高效的谈判团队应该有哪些角色呢？

“全能”统筹

这个人在团队中未必有多么专业，但在谈判团队所属领域内具有相当的水平。同时，他还需要具备一定的领导能力，综合素质高。他的主要任务是安排、规划团队中人员的职责，监督他们各司其职，实现自己的角色价值。同时，对于谈判中涉及的专业事项进行判断和必要的决策。

“红脸汉子”

一般情况下，谈判时首先上场的那个角色应该是“红脸汉子”。他在每件事情上都会采取非常强硬的态度，把简单的问题复杂化，让对手感受到一定的压力。并能适时采用延时战术阻挠整个谈判进程，或者在谈判较激烈、对方来势较凶猛的时候使谈判中止或暂停，迫使对方暴露弱点，削弱优势。如果对方因此而产生“如果这个人不参与谈判，谈判是非常容易的”的念头，那么，“红脸汉子”的“演出”就是成功的。

“白脸公子”

“白脸公子”是“和平天使”，当谈判双方意见分歧较大，谈判陷入僵局的时候，他就要站出来了。正基于此，“白脸公子”最好由谈判对方团队中大多数人都认同的人来担当。其主要任务是站在对方的角度思考或者看待问题，同理对方提出的要求和观点，从而打破僵局。此外，“白脸公子”还有一个非常重要的任务，就是将所有的观点集中，综合提出谈判中的问题，通过再次谈判使得双方达成共识。

谈判中的三个角色不一定由不同的人扮演，有时候一个人在其中就可以扮演几个不同的角色，他既可以是“红脸汉子”，又可以是“白脸公子”，但这些角色在谈判团队中是必不可少的。

3）设定谈判底线

谈判其实就是谈判双方通过几次甚至多次谈话沟通，不断探索出双方的真实需求，以便寻找双方都能够接受的解决方案，实现双方价值、利益的最大化。在这一过程中，为了达到最终的共同目标，双方都会做出不同程度的让步，但为了尽可能地争取己方利益、价值的最大化，在正式进入谈判前就要设定好自己的谈判底线，并加固自己的防线。同时，也应当根据掌握的信息，预设出对方的承受底线，并做到心中有数，在谈判中做到触及但不紧紧相逼。反之，在谈判过程中，当谈判对手逐步逼近己方底线时，也应尽可能让对方知道，这已经是我方的底线。只有这样，才能让谈判顺利进行。

设定底线时，谈判者最好事先做一些假想的演习，在同事中或者最好在自己的谈判队伍中找一些谈判能力强的人作为谈判对手进行演习，把谈判过程中可能遇到的场景、问题、麻烦尽可能地用这种方式进行演练。通过这种演练可以使自己在谈判中做到心中有数，紧握谈判主动权。

此外，在谈判过程中，一定要坚守自己的底线，决不能轻易改变。一些没有经验的谈判者，往往迫于谈判对手的压力，为了促进合作，便主动更改自己的条件，致使己方利益受损。

4）两套谈判议程

谈判议程的功能主要是为了控制整个谈判进程，使谈判可以朝着既定的目标进行，避免了时间、人力、物力等方面的资源浪费。谈判议程可分为两种：一种是可以给双方看的通则议程，主要针对谈判涉及的项目或者主要内容；另一种是给自己看的细则议程，内容则是通过己方团队一再讨论的硬性底线及弹性空间，以便谈判代表可以在谈判中灵活变通地进行谈判，占据主动地位。

谈判议程确定后，要送达谈判各方知晓。谈判议程内容中不要使用态度强硬或者肯定的词语，尽量使用中性词语进行描述，以免还未上谈判桌就“硝烟”已起，给对方留下合作方比较“嚣张”的不良印象。

5）确定谈判日程和地点

把谈判过程涉及事项按其逻辑关系和重要性依次列出，从而制定出谈判日程规划。同时，日程的制订一定要与谈判方协商一致，不要轻易更改，以提高谈判效率。

谈判地点在谈判中虽不算关键因素，但还是要尽量选取便于己方查找资料的场所，如果能够争取到己方办公地点或者己方谈判人员较为熟悉的场所，毫无疑问对己方的谈判更为有利。

李玉成了解到国外目前流行的一款产品非常适合国内目前的流行趋势，他找到该产品企业的负责人，洽谈合作事宜。

在进入正式谈判之前，李玉成了解到对方首席谈判代表是一位完美主义者，此人对于数字异常敏感，做事情也是极其认真细致，事事要求完美。针对谈判方首席代表的这一特点，李玉成要求助理在安排座席时，在对方首席代表座位对面的墙上挂一幅画，并且一定要把画挂得稍微倾斜一点。

谈判那天，当这位首席代表无意识地抬头看到他对面挂的画有点儿歪时，一直有一个念头，想去把那幅画扶正。但同时，他也意识到，这不是他的国家，也不是他的地盘，他无权也不能去做这件事。这使得他的情绪受到了很大的影响，并开始变得焦灼不安，只想着尽快逃离这个令他不舒服的谈判场所。

而与此相反，这对于李玉成的谈判团队而言，是个绝佳的机会，他们轻松地控制住了谈判局势，顺利达成了谈判前制订的目标。

谈判时，到底是客场好还是主场好，根据不同的内容和不同的谈判对手可以有不同的选择。但无论怎样，同谈判的日程规划一样，一定要双方取得一致，才能将谈判友好地进行下去。

3. 七大禁忌，敬请牢记

什么是谈判？从字面上而言，谈就是说，是沟通；判就是经过多次沟通了解后，不断探索双方需求的契合点、判断合作是否能够有序进行。也就是说，只有在合作双方或者多方经过充分沟通和交流的基础之上，才能对合作各方有充分的了解和认识，才能充分挖掘合作各方的共同需求。因此，在谈判当中，说或者沟通才是谈判的重点。所以，谈判双方说话方式与语言技巧对于谈判进程及结果起着举足轻重的作用，哪些话可以说，哪些话永远不要讲，一定要牢记。细究之下，所谓的谈判沟通技巧，不过是在沟通的过程中绕开那些永远不能讲的话题，把该说的话说到点子上。

1）没有用好形体语言

众所周知，身体语言也是一种语言。一个人能否吸引他人的注意，与他的着装、谈吐、举止，包括一些细微的动作，如眼神、表情、说话的声音等许多方面的综合因素有关。如果谈判时，尤其是谈判双方第一次坐在谈判桌前，我们的行为、样貌及做事的方式都会影响谈判的进程。比如，当我们把一沓厚厚的资料按照次序整齐地放在谈判桌上时，对方肯定会认为我们做了充足的准备而不敢轻视我们；如果我们到达谈判地点时一副匆匆忙忙的样子，鞋子上也满是灰尘，很难说对方会信任我们。

心理学家认为：一个人给对方第一印象的时间只有七秒。也就是说从对方接触你开始，七秒钟的时间将确立你在对方心目中的印象。你是一个怎样的人，是否专业，对方已经对你做出了基本的判断，并且这个判断将长期影响并决定着他与你之间的处事方式。因此在与人交往的过程中，第一印象是非常重要的。

2）是谈不需要骗

谈判，究其根本，就是通过不断的沟通，让对方支持己方，并能够从对方那里获得我们想要的东西的过程。这是一种纯粹的沟通和交流，不是你死我活的敌我战争。因此，要实事求是地去说，去沟通，没有必要用谎言和“大话”来提升自身的谈判优势。这些欺诈性的语言一旦被对方识破，不仅会破坏谈判双方的友好关系，致使谈判破裂，还会给企业的信誉造成严重的损失。

3）不可盛气凌人

有的谈判者由于仗着自身的谈判经验丰富，或者在职位上占有一定优势，而在谈判中盛气凌人，这会让人非常不舒服；有的谈判者在谈判桌上争强好胜，一切从“能压住对方”出发，说话尖酸刻薄，不甘示弱，频繁地向对方发动攻势；有的人总是在一些细枝末节上紧抓不放，以揭人隐私为快事……须知“骄兵必败”！这些伎俩遇到生性懦弱的人尚可一时得逞，遇到城府较深的人，看你尽情表演，关键时刻必将使你付出惨痛的代价。此外，如果遇到跟自己一样强硬，且进攻性很强的对手，小的进攻不仅会激起对方更大的反击，激化不必要的矛盾，增加谈判的难度，还容易致使对方产生报复心理，陷己方于不利。

4）要不得的过分谦虚

与盛气凌人的傲气相对，过分的谦虚，一味地相让也是谈判中的大忌。过于谦虚，不仅会给对方造成谈判者缺乏自信、没有能力的错觉，失去对方应有的尊重，还有可能让人产生误会，认为谈判者精于世故，没有诚意，让对方因为充满戒心而失去信任。

5）“据说”必须“经证实”

一场成功的谈判必须要信息到位，因此，在未上谈判桌前谈判代表肯定要多方了解，各方勘察。但是，在此过程中不乏一些不实信息掺杂其中，这其中有谈判方或者个别竞争对手有意散布的，还有一些毫无来由的空穴来风。所以，一旦双方坐在一起正式开始谈判时，一定不要把那些未经证实的信息拿出来作为谈判的条件和依据。尤其重要的是，轻易不要在谈判中对谈判对手说出“据说”这两个字，如果你要说，后面一定别忘了加上“经证实确实如此”。当然，前提是这确实是经过自己一番调查证实过的才行。否则，一旦被对方确定这是一则虚假信息，很容易让对方以此为把柄发起攻击，陷己方于被动。不仅如此，还容易给对方造成己方不认真、不严谨、不严肃等不良印象，从而失去对方的信任。

6）可以不马上作出答复

在谈判中，对于对方一时兴起或者有感而发的提议和要求，不要马上答复，可采用缓兵之计，告诉对方“此事我做不了主，我们回去商量”“我需要问一下相关部门是否可行”，等等。如果对方非要你马上作出答复，那么，可以根据对方的提议或者要求提供一些选择。毕竟都是临时提出的，这些选择虽有不足，但表面看来对对方肯定大有裨益。如此，至少能够让对方感受到你的诚意。千万不要为了急于促成合作，贸然作出答复。一旦承诺，再做修改，就容易让人怀疑你的诚信。

7）词义模糊，令人误解

谈判中，不要使用容易产生歧义的词语或者语义表达不清，这不仅会让对方感觉你不专业，还容易让对方产生误解，造成谈判障碍。

有这样一则笑话。古时候有一个财主请朋友吃饭，然而到了约定的时间，人还没到齐，于是他生气地对到场的几位朋友抱怨说："真是该来的还不来。"

此话一出，座席上有几个人马上站起来跟这位财主道别，任财主如何解释都不肯留下。眼看着那几个人走远，他心中又平添几分失落。于是，郁闷地叹气道："唉，真是不该走的又走了。"他哪里想到，留下的这几位一听此话，毅然站起来，连道别的话都没说，就气冲冲地走了，留下财主一个人在那里嘀咕着："我是不是说了不该说的话？"

如此带有歧义的话该说就怪了，他说的每一句话都会让在座的宾客浮想联翩。什么叫"该来的不来"呢？那岂不是意味着"我们这些不该来的都来了"；那"不该走的走了"那就表示着"我们这些没有多想，本想留下来陪陪你的人，是该走的却没走"。汉语就是这样奇妙，任何时候都不要忽略其背后可能暗藏的深义。在日常的交际对话中，更是要避免使用那些容易造成歧义的语言，在表达上力争语言的准确性，避免引起他人的误解。

此外，有的谈判者由于事前缺乏对双方谈判条件的具体分析，加之自身不善表达，当阐述自身立场、观点或回答对方提出的某些问题时，不仅语塞含糊、模棱两可，甚至前后矛盾，前言不搭后语，这些都是谈判中最要不得的。

学会倾听，才能说到点子上

欧洲流行着这样一句谚语：“雄辩是银，倾听是金。”会说话的人一定是懂得如何倾听的人，尤其是在谈判的过程中，倾听的质量决定谈判的质量。

我的一个朋友，为人热情豪爽，语言表达也很好，他的朋友却很少。因为工作关系，我们俩的圈子有交叉，时常有些朋友向我抱怨他说话不太顾及别人的感受。

后来，我认真观察了他几次，我发现他说话还真不是不顾及别人的感受，恰恰相反，他很在意别人的感受。只是他太急于表达自己的想法，要么时常打断别人的发言，让别人特别恼火，要么根本没有听别人怎么说。

他对自己的语言技巧也非常自信，并沉迷其中，时不时还向我炫耀一番。终于，有一次我没忍住向他发问：“陈，你为人热情豪爽，我也承认你非常善于表达，按说你应该有很多朋友，但是多年以来，好像事实并非如此。”

他当时非常气愤，但是当天晚上他突然打电话给我：“李，我回家后认真地反思了你今天说的话，细想之下还真是这么回事。为什么这么多年来我交的朋友并不多？你肯定仔细地研究过我，告诉我原因。”

我回答他说：“你终于听我说话了，就像今天这样，以后也要多听他人怎么说，以你的品行和爽朗，一定会交到很多真心朋友。”

他在电话里沉默了一会儿，我见他没有说话，就继续对他说:“你为人热情大方,又肯帮助别人。你非常注意表达技巧，但是你忽略了倾听对于语言技巧的影响力。当别人很认真地对你说出自己的真实想法时，你要么忽略了，要么被你急急地打断了。长此以往，别人的需求总是淹没在你的口水之中。你想想，还会有人想跟你交往下去吗?”

他恍然大悟地说:“也是呀，这一点确实我从来没有想过。但是，我就是这样一个人，该怎么做才能让自己多听，或者认真听完再说呢?”

我告诉他:“在说之前一定先想，当别人说得正起劲儿时，虽然你有不同意见或者更好的点子，也不要急着说，先克制一下自己，一定听完别人怎么说，让自己大脑空一会儿。”接着我开玩笑地说，“我只能帮你这些了。”

还好，他是一个悟性相当高的人，在后来与人的交往中，时刻用我教他的方法提醒自己，先听完别人怎么说，然后自己再说，不再急于表达自己的想法和观点了。这一改变，促使他的人际圈子越来越大。

在沟通过程中，人们最容易忽视的就是倾听在整个过程中的影响力，其实会听“话”的人才是真正会说话的人。而在谈判或者销售过程中，先说且说得多的那个人也最容易在不经意间亮出自己的底牌，从而将自己置于被动地位。只有认真倾听，才能从对方的语言中寻找到契机，把话说到点子上，获得谈判的主动权。

1. 用心倾听，才能得“信”

倾听不仅仅需要的是耳朵，更重要的是心，这是倾听的关键，也是博得对方信任的一个基础条件。我们听得越认真，对方就觉得自己越重要，而我们从中获得的信息就会越多，也就越有利于获得谈判的主动权。

有一次，乔·吉拉德花了近一个小时才让他的顾客下定决心买自己推销的车。接下来，乔·吉拉德要做的仅仅是让顾客走进他的办公室，然后把合同签好。

然而，就在接下来的短短几分钟里，他却把订单丢了。

原来顾客随乔·吉拉德走向他办公室时，开始向乔·吉拉德提起自己的儿子。他十分自豪地对乔·吉拉德说："我儿子考上了普林斯顿大学，马上就要当律师了。"

"那确实太棒了。"乔·吉拉德说。

当他们继续向前走时，乔·吉拉德却把目光投向别处，去观察其他的顾客。

"乔，我的孩子很聪明吧？当他还是婴儿的时候，我就发现他非常聪明。"顾客继续说。

此时，乔·吉拉德尽管也做出了回答，但他的眼睛背叛了他。这位顾客感到非常失落，他只对乔·吉拉德淡淡地说了一句："我想我该走了。"就把乔·吉拉德丢在了原处，扬长而去。

事实上，我们每个人都愿意将自己成功的事及自认为人生中最为得意的事情向别人炫耀。如果在这一个过程中，倾听者给予及时的回应和肯定，让对方的这种"虚荣心"得到极大的满足，我想在其后的合作谈判中也一定会非常顺利。尽管故事中的乔·吉拉德给了对方回应，但其心不在焉，没有诚意的肯定仍然让对方倍感失落，从而决定放弃从乔·吉拉德这里购车。一个善于倾听的谈判者，是肯耐心倾听，并能让对方感受到诚意的人，而这样一位充满诚意的倾听者必定是谈判中的佼佼者。

那么，如何才能让对方感觉到你倾听时的诚意呢？只需以下三“心”即可。

1）专心

在谈判过程中，要集中精神，神情专注地倾听对方的阐述。多与对方进行目光交流，并适时地点头表示肯定或赞许，不可随便打断对方，随意插话。

2）虚心

古人云：“三人行，必有我师焉。”其实，每个人都有一些值得我们学习的东西，只要你全身心地投入其中，认真倾听和体会，必有收获。此外，在谈判过程中，对方难免会借用一些新的观点，以增加自己的筹码，有些观点可能不能充分支持其论点。在这种情况下，我们可以不表态，但要懂得尊重对方，并给自己留有一定的余地。

3）耐心

不要在意对方怎么说，任何一句话，只要你认真去体会，都能听出一些道理，不可能毫无价值。但是我们往往执迷于人们说话的语气和态度，反而忽略了说话者话里话外的深意或者是漏洞。因此，多一些耐心给谈判对手，你将会更多地获得谈判上的主动。

2. 清除倾听障碍，让“听”专注

在人们关于沟通能力的认知中，总是想当然地认为听是最简单的一种技能。但事实上，经有关研究证实，人们对于听的这种看法是极其错误的。我们即使静下心来认真地去听一个人说话，通常能够记住对方说话的内容也不过 50%，而在对方所阐述的全部内容中，通常也只有 1/3 是按照原意听取的，1/3 是曲解地听取的，另外 1/3 则完全没有听进去。

造成这种情况的原因在于人们说话的速度远远低于思考的速度。有研究指出：通常一个人一分钟可以说出 135 个字左右的内容，而我们大脑实际可以接收到近 500 个字左右的内容，有“说”的四倍之多。这就是我们在倾听他人说话时很容易分心的原因，因为我们的大脑有太多的时间可以去做其他的事。也就是说，这个倾听的障碍实际上是由我们自身生理特征造成的。

如果我们想尽可能多地从谈话者那里获得信息，则要跟自己多做“斗争”，去克服这个由于生理特征带来的障碍。

1）记录要事

在正式进入谈判前，把自己在谈判中要谈的重点内容提前记录下来，否则，“不要忘了跟他们提起那件事儿”的想法总是在脑海里盘旋，想专注倾听都很难。同时，在谈判的过程中，也有一些信息需要我们当场记录下来。比如：谈话者口中的“主要事实”是什么，谈话者口中表示出来的“显在”和“潜在”的含义，注意谈话者是否说出了其所面临的“问题”及其“相关问题的想法”，等等。当然，在记录这些信息之前一定要确认这种行为是对方文化所认同的（有的国家认为在会谈中进行笔录是不礼貌的一种行为）。

2）放下偏见

偏见的成因很多，有因为第一印象引起的，有因为生活背景引起的，还有因为种族和价值观不同造成的，它存在于每一个人、每一个领域或者每一种文化背景中，影响着人们对于事物的真实判断。因此，在谈判中，切忌带着偏见去谈，更不能带着偏见去听。

如何才能不带偏见地倾听，其实也是有一些技巧的。

听事

所谓听事，是指要认真听清楚对方说什么，而不是你自己脑子里赋予它的意义。

共情

所谓共情，是指要注意观察谈判者在阐述事实时的表情、神态变化。人是情感动物，任何人在阐述一件事的时候都会伴随着情感的变化，即使所谓的谈判高手，在谈判中都不可避免地有一些情绪波动，这确实需要谈判者具有一双善于分析的慧眼。当发现谈话者有了感情波动，给予适当反馈则是共情。

甲对乙说："我打算今年'十一'结婚。"乙回答说："啊？真的呀！是上次我见到的那个女孩吗？嗯，确实不错。真要好好恭喜你了！"甲要结婚，这是事实。而乙对于说话者结婚对象的询问，则是表示出对这件事的关注。当乙对甲说出"那真要好好恭喜你了"，即是共情。因为当甲把结婚这个事实告诉乙时，他是渴望与他共同分享喜悦和快乐的，而乙理应对这种情感加以肯定。

此外，除了言语的肯定之外，对于倾听者而言还可以借助态势语来表达，比如，一个鼓励的眼神，一个善意的微笑，一个到位的手势，或者重新调整一下自己的坐姿等一切可调动、可借用的无声语言。

不要以貌取人

古人云："人不可貌相，海水不可斗量。"但事实上，我们总是难以避免地通过一个人的外在形象与他的实际品行发生联系。而心理学中的"首印效应"告诉我们，人们总是执着于第一印象带给自己的感觉，并长时间影响着日后对于一个人的判断。因此，在上谈判桌前，多给自己一些积极的暗示。比如：他是一个不错的合作伙伴，或许他不是我认为的那样，我想我们今天的谈话会非常开心，等等。用这些暗示语逐步消除第一次见面时对方带给自己的不良印象。

3）放空大脑，为"听"扩容

很多时候，我们与别人谈话时，要么注意和关心与自己或自身利益相关的内容，要么只顾着考虑自己头脑中的问题，要么就是把过多的精力放在分析、研究自己应当采取的对策上，因而不能完整理解对方的全部意图，从而无法集中精力倾听对方谈话的所有内容。

因此，在正式进入谈判之前，尽量放空自己的大脑，让它处于完全放松的状态，才能把自己的知觉、情绪、态度全部调动起来，用心去体验对方所提到的情景、细节，从而关注事件的整体变化，掌握谈判的主动权。

3. 掌握倾听技术，让听入心

听，是每个人与生俱来的能力，只要我们听力正常，当声音的分贝足够大时，我们都会被动地接收。倾听则不同了，它是沟通者主动了解、获取信息的一个途径。

我的一个朋友是一家大型工业企业的首席营销官。该企业有一次研发了一款新的产品，她非常看好这款产品的未来前景。孰料产品上市后业绩却一败涂地，她大为不解。于是，她召集了这款产品的研发团队，开了一个产品营销总结会。

会上，面对这款产品的不佳销售业绩，所有研发人员都表示倍感意外，百思不得其解，因为无论从销售还是从研发角度，无一不为此产品付出了极大的努力。

然而，我的朋友注意到一个细节，每当这些在该企业有着“最优秀工程师”称号的工程师们讨论起该产品的特点时，都是滔滔不绝，整个团队表现出来的对这款产品的热爱之情，以及研发成功之后的那种兴奋都溢于言表。显然，这款新产品是这个研发团队的得意之作。而我的这位朋友，在研发团队热情地讨论他们研发的这款产品的特征及优势的整个过程中，从未打断过他们，并且一直专注地倾听着。

待研发团队充分发言后，她态度谦恭地问这些工程师一个引导性的问题：“所以，我们头三个月的销量远低于你们当初的预期，是吗？”

研发团队的领导表示：“我们以为这款产品会改变竞争全局，如今的销售业绩确实远远低于我们的预期，我们也非常想知道究竟是什么原因影响了销量。”

当确定该工程师已经把话说完，我的朋友方才解释说："看来你们真的认为这是一款很棒的产品，而且你们用你们的专业说服了在座的所有人，也包括我个人。那么，照此看来，客户应该争先恐后抢着下单才是，但事与愿违。通过你们刚才的讨论及分析，我突然想到一个问题，我想了解一下，对于这款产品，你们是否了解过客户的看法？"

该研发团队的领导人沮丧地回答说："我们没有跟客户交流过。"

一听此话，我的朋友顿时气得脸色发白。但是，她还是非常理性地克制了，并且非常认真地倾听了该研发团队其他工程师的解释。通过沟通，朋友得知该产品是在封闭式环境下开发出来的，因此其产品的特性及优势对于经销商而言是模糊的，甚至他们根本就弄不清楚这款产品的真正用途及价值。

最后，其中一名工程师一针见血地指出："也许我们应该在推销上多下功夫才是，这款产品的优势并非那么显而易见。"经过讨论他们发现：这款产品的质量本身是没有问题的，但是经销商们对于销售未经测试的新产品都是非常谨慎的，而且公司销售团队在销售该产品时制订的价格也不是那么打动人心。

最后他们决定，应该由研发工程师团队的专业客服人员打电话给每个经销商的工程师部门或者相关部门，向他们解说这款新产品的性能及优势。此后，这款产品的订单如雪片般飞来。

三星集团董事长李健熙在上任伊始，他的父亲就告诫他：身为企业的领导者应该把倾听视为金科玉律。古希腊哲学家苏格拉底说："上天赐给人两只耳朵两只眼睛，却只有一张嘴，就是要人多听、多看，少说。"要是我的这位朋友自己去研究订单少的原因，她很有可能武断地归罪于产品质量问题。她不仅没有那样做，而且还认真倾听了研发工程团队的发言。并且其后，她还采纳了由该团队领导提出的"由研发工程师团队的专业客服人员打电话给每个经销商的工程师部门或者相关部门，向他们解说这款新产品的性能及优势"的建议。而她在整个谈话过程从未贸然地打断过工程师的谈话，也没有滔滔不绝地讲述她的那些精湛的营销技术。她以敬畏的态度倾听，并适时提出一些有针对性的问题，诚如该企业研发团队的领导所言，最终这款产品确实大大地改变了企业的竞争格局。

作为一名出色的谈判者，尤其需要良好的倾听技术，并能够在倾听的过程中辩证地看待来自谈判对手的发言，包括他们对己方的抱怨、不满，以便从中寻找对方语言中的漏洞和突破口，从而在谈判过程中占据主动，或者逐渐地变被动为主动。

倾听是一种非常重要的沟通方式，只有让人愿意并且快乐地说出自己的观点与特点，才能更好地赢得别人的信任；倾听也是一个让自己了解别人，了解合作伙伴的重要方式。

1）及时回应

没有一个人喜欢自己说出的话如同"天上飘过的云"，得不到任何的回应。同样，在谈判中，如果对方得不到你及时的回应，很容易让对方产生误解，他会认为你要么对他说的话没有兴趣，要么对他个人抱有成见，或者你对他的观点不认可等，令对方失去谈话的兴致，致使己方不能更加全面地掌握对方的信息。因此，谈判中要时刻保持良好的精神状态，以开放的心胸和积极的态度去倾听对方的谈话，用心感知对方传达的信息，给予及时回应。

2）表达尊重

一个人的身体姿势会暗示出他的态度和兴趣。谈判过程中，要尽可能使用开放式动作，自然开放式的姿态代表着接受、容纳、尊重与信任。

首先，要学会用眼。心理学家认为——人在凝视的时候，身体会自然地释放出一种类似在恋爱时所释放出的荷尔蒙，而对方很快会被凝视者身体产生的这种能量吸引。因此，谈判时一定要学会用眼注视谈话者，这也是开放式肢体语言中最重要的一部分。

其次，打开手掌。把手掌打开，自然放在身体两侧，切忌将手插在口袋里或者干脆把手坐在屁股下。此外，不要经常触摸自己的脸、耳朵或者头颈，这会让对方感觉到你的不安和焦虑。

最后，双腿自然分开，脚尖指向谈话者。这样才能让身体保持平衡，使自己的整个身躯正面朝向谈话对象。

3）重复内容

用自己的话将对方所说的较长的一段话或者那些自己无法理解的内容再重复一遍。不用原话重述，拣扼要内容把意思表达清楚即可，这主要是在向对方确认，以防曲解或误解对方所表达的意思。

4）察言观色

倾听并非是坐在那里听对方谈话，而是全身心地投入到对方谈话的内容中，才能保证倾听的最佳效果。在这一过程中，要注意观察对方思想、情感和行为的微小变化。一名出色的谈判者一定会通过察言观色等一系列的活动去倾听对方的谈话，并适时给予对方回应，让其有更多的表达愿望，从而有助于己方更多地获取对方信息。

5）问其感受

问也是更准确地获取谈判信息的一个有效途径，就某种意义而言，这也是一种倾听。因为不管是哪一种类型的谈判，对方嘴里说的和他心里真正想的，绝对不会完全一样，都会策略性地保留部分内容，但是，我们可以通过不断发问来了解对方口中语言的真相。

有效提问，事半功倍

在谈判的过程中，我个人是非常提倡多听少说的。实现多听少说，一个重要的手段就是善于提问。通过有效提问，可以实现充分挖掘谈判对手需求的目的，从而更加充分地掌握谈判对手的真实想法。比如：在谈判对手描述的过程中，发现他对某个问题感兴趣，我们可以尝试问他：“您以前有过这样的经历吗？您是怎么看待我们和竞争对手之间的差别呢？您的意思是？您的问题点是？您的想法是？”用这些开放式的问题引导对方说出更多的内容，以便己方更为全面地掌控谈判局面。法国启蒙思想家、作家、哲学家伏尔泰说过:“判断一个人要根据他的问话，而不是他的回答。”有效的提问，可以达到事半功倍的效果。

张辉在一家制药厂工作，最近制药厂要成立一个新部门。由于张辉的工作表现一直不错，他成为这个新建部门的负责人。然而，部门自成立以来，工作开展非常缓慢，部分领导已经颇有微词，这令张辉感到解决这一问题迫在眉睫，并下决心一定要改变目前的停滞状态。

这个部门组建时，是从工厂各个部门抽调出来的骨干，这样做的初衷是为了更快、更好地开发新产品。但也正是基于这样的组合，在每次部门召开相关产品开发的工作会议上，大家都像走进了“俱乐部”，每个人都各持己见，互不让步，会议根本无法正常进行。每次产品开发工作会议观点不能取得一致，跟进工作自然无法正常进行。

经过近一段时间的仔细观察，张辉发现了一些问题，他决定改变会议沟通的策略。于是，在每次会议召开前，张辉都会针对会议议题设置一些相关的问题，以提问的方式与同事们沟通。比如:你们谁知道我们今年应当完成多少个数据库?谁能就此给我提供一份任务的优先排列表?如果我把这项任务交给你，你将如何排列?如何排列才是最佳任务工作表?等等。

每当会议结束时，他还会再次与这些参与讨论的同事进一步确认工作。比如他会问:哪个方案更合适?怎么能让它变得更合理一些?在下次开会时，他会就此追要答案，并根据不同的答案再次提问。

刚开始时，部门的几个同事还不适应，经常拖延给答案的时间，但禁不住张辉每次连珠炮似的追问，慢慢开始认真地对待张辉提出的每一个问题。经过一段时间的努力，他们的新产品开发工作进展非常顺利。

爱因斯坦说："提出一个问题往往比解决一个问题更重要。"好的问题可以帮助谈判对手大胆、积极地设计和思考解决问题的新方案。而在整个谈判过程中，有效的提问也是引导对方更多地说出我们想知道的信息的有效手段。只有让对方不断地回答我们有针对性的问题，我们才能越来越接近自己想要的答案，更加准确地了解和判断谈判对手的真正意图。所谓知己知彼，百战不殆。当我们掌握对方的情况远比对方掌握我方的情况多时，我方自然就把握住了谈判先机。

那么，如何提问才能让对方说得更多呢？

1. 问对时间

所谓问对时间，是指要掌握提问的时机。否则，问的时机不对，不仅达不到问话的目的，还有可能让谈话者反感。只有问对了时机，才能引起对方注意，让自己从中获益。在谈判过程中，恰当的提问时机主要有三个：一是对方发言间歇，这样做是为了确保自己不会打断对方发言；二是自己发言之前，是为了进一步明确对方发言的内容；三是自己发言结束后，要及时发问，譬如：您还有什么不明白的地方吗？或者您有什么要问的吗？这其实也是对自己谈话内容的补充，同时，也可以借着问题了解对方对于自己谈话内容的态度。譬如：您觉得这个方案如何？您还有没有补充？

2. 态度友好

在谈判中不用紧张于该如何提问，注意一个时间的节点就可以，对于提问的方式不必太过拘泥于形式，但一定要保证自己态度诚恳、友好、合理，要知道你是在提问而不是诘问，尤其不能直接指责对方的人格和信誉。

3. 留出空间

一定给对方思考的空间和时间，切忌连续发问。除非是既定的谈判策略安排，否则，连续发问会让对方感受到太多的压迫感而起逆反之意，不利于谈判的顺利推进和双方的友好合作。

4. 问对问题

提出问题之前，一定要想明白自己为什么要问，这样的一个问题可以使自己达到怎样的目的，你问的人是一个什么类型的人。尤其对于自己预设的一些重要问题，要根据以往的谈判经验预先设想一下对方可能给出的答案， 然后再针对不同的答案设计不同的再次发问对策，直到对方给出自己满意的答案。要时刻谨记：一切都是为了更好地获取对方的信息。

甲乙两个信徒都很爱抽烟。

一天祷告时，甲问神父："我祷告时可以抽烟吗？"

神父生气地说："绝不可以！"

乙问神父："我抽烟时可以祷告吗？"

神父和蔼地说："当然可以！"

甲、乙两个人的问话不同，取得的效果也完全不同。一定要"什么时候说什么话，什么山头唱什么歌"。提问的效果不在于问题的多少，而在于你是如何去问的。要想获得你想要的效果，一定要看清楚你面对的是什么人，面对不同类型的人要采用不同类型的提问方式。

谈判应答，也讲技巧

在谈判的过程中，应答的目的是为了更好地沟通。同时，也是表达自己的观点和解决问题的一种有效方法。通过及时应答对方提出的问题，不仅可与谈判对手进行良好的互动，还可以将自己的想法和不满通过应答巧妙地表达出来。

谈判中应答谈判对手的提问是非常讲究技巧的，因为谈判对手在提出问题时，很可能预设了一个"语言陷阱"，就等着应答者往里"跳"。所以，在应答对方提问之前，谈话者不仅要把话说清楚，还要尽可能看透对方的提问目的。否则，稍有不慎，很容易就会被对方抓住漏洞发起攻击，陷己方于被动。

那么，如何在谈判中有效躲开提问中的陷阱，掌握谈判的主动权？

1. 确认问题

为了应答的准确性，对于一些有可能产生歧义的问题要跟对方进行确认，弄清楚对方提问的真实目的，辨别问题的性质，有针对性地回答。

2. 充分思考

在未上谈判桌之前，自己首先要做好充分的准备，可以根据以往的谈判经验预想对方可能会提及的问题，同时也要顾全大局。因此，在回答问题之前，一定要充分思考，谨慎作答。

3. 留有余地

不要急切地回答对方的提问，特别是对那些有可能暴露己方意图、实力，以及目的的话题，更要谨慎。如果对方提出的问题实在不好回答，不妨利用反问的方式把问题推回去。

4. 缩小问题范围

在谈判的过程中，对方为了达到自己的目的，有可能会提出一些尖锐的问题，或者通过提问一针见血地指出我们存在的一些漏洞，诚如我们自己跟对方提问一样，总不可能是漫无目的地去问。同理，作为应答一方更须谨慎。如果该问题无法回避，对方又紧紧相逼，不能不应答，这时可以试着将问话者的问题范围缩小。

5. 避免追问

我们知道，谈判对手常常在问话中布下陷阱，应答者稍不谨慎便有可能出现纰漏，置己方于被动。应答一旦有漏洞，对手为了达到自己的目的，必然会刨根问底地追问下去。而且，己方应答完后，一旦发现对方仍然穷追不舍，那一定是己方应答时出现问题，此时需要引起注意了。当然，对于对方提出的一些确实一时无法回答的问题，也完全可以拒绝回答，但要注意婉转表达。

6. 将错就错

谈判中，由于双方在表达与理解上的不一致，错误理解对方意思的事情常有发生。假如对方的这种错误理解对己方有利且对方也没有就此提出异议时，可以将错就错，因势利导。其实，谈判本来就是一个博弈的过程，每个问题和答案都没有既定的是非标准，只是双方秉持立场不同。

应对僵局，必用奇招

谈判过程中出现僵局，尽管会严重影响谈判的进程，但并不等于谈判破裂，仍然有挽回的余地。当然，如果不能很好地处理、解决，势必导致谈判破裂。

1. 寻找原因

谈判中如果发生意见分歧，一时难以得到统一时，不要急于达成协议而失去自己的立场和原则，要认真分析其背后的成因，有针对性地突破，方是突围之道。

细究谈判僵局成因，无外乎以下几种：

1）人为制造

谈判过程中，谈判一方为了达到自己的谈判目标，或者为了试探对方实力而有意给对方制造难题，以期迫使对方放弃谈判目标，向己方目标靠近，如果此时对方坚持原有立场，不肯让步，那么谈判就会陷入僵局；或者有些谈判者争强好胜，提出一些自认为“独特的见解”或无理要求，令对方难以接受，使谈判受阻，陷入僵局。

2）观点对立

谈判过程中，谈判双方就某一问题产生分歧，各持己见。双方越是坚守各自的立场，这种分歧也就越大，致使谈判陷入僵局。

3）心怀成见

谈判人员对信息的理解受职业习惯、教育程度，以及文化信仰的制约，甚至持有偏见地去看待、领会问题，自然会引起谈判另一方的不满。当这种理解偏差越大，误解也就越深，矛盾也就越深，最终会令谈判陷入僵局。

4）无法“信守”承诺

当谈判的外部环境，如价格、通货膨胀等因素发生变化时，谈判的一方不愿按原有的承诺签约，也会导致谈判陷入僵局。

A 公司为生产电脑的厂家，B 公司为其客户，A 公司与 B

公司已签订合同，合同款项为20万元。

然而，B公司在签订合同两个月之后还不提货。就在这两个月中，由于物价上涨，成本升高，A公司需将合同总价提高为25万元才能保证不亏本。但是B公司坚持要以当初双方谈妥的价格购入，A公司当然不会做赔本买卖。因此，双方谈判陷入僵局。

A公司谈判代表以B方未能按时提货为契机邀请B公司相关人员重新进行谈判，最终A、B双方选取了一个折中的方案继续合作。

5）以大欺小

很多情况下，谈判双方在实力上总有一方强一方弱，或者一方的需求比另外一方的需求更强烈。当双方力量或者这种需求的程度差距过大时，实力强的那一方如果过于显示自己的优越性而忽略对方的感受，很可能致使对方产生不满情绪，使谈判陷入僵局。

我的朋友小马是一位培训师，他比我入行晚几年。由于小马天生资质不错，加上后天的勤奋，很快便在整个培训圈里有了不错的知名度。

有一天，他见到我就对某培训公司发牢骚："这家培训公司太差劲了，想让我为他们的客户做一场培训，他们以客户出价太低为由压低我的授课费用。我想着与这家公司合作时间很长了，且我刚入行时他们确实给了我一些帮助，我已经给他们让了一些空间，可那个经纪人非但不领情，言外之意他们公司曾经对我的帮助，我这辈子都还不清了。我一直感激他们最初的帮助，所以一直以来虽然我的课时费在市场翻了几倍，在他们公司几乎没有涨，可他们以恩人自居的口气实在让我无法忍受。所以，我直接拒绝了他们。”

他刚发完牢骚，手机就响了，正是这家培训公司打来了，只不过换了一个经纪人。

这个经纪人说：“马老师，您好！真的非常抱歉，我的同事刚才的失礼，我替他向您道歉。他刚来公司不久，对市场行情缺乏了解，在前期工作交接时前任同事过于强调了公司与您的关系。我知道以目前的市场行情，您的讲课费用已经远远高于您给我们公司的价格，我代表公司表达我们真诚的谢意。但是，这次我们确实遇到麻烦了，公司的业务员把培训的价格压得确实太低了，我们也知道，不该因为我们的错误而由您分担这个成本。但我们同时也考虑到G公司的实力和背景，如果这次授课成功，我们双方都将受益良多，这个您懂的。您看，是否可以再保持上午同事给出的价格，我们放眼未来，好吗？”

小马本来也是被上午该公司经纪人的强势给激怒了，并非真的不想去做这场培训。所以，当听到这个经纪人的一番解说之后，也就答应了。

2. 走为上策

任何一项谈判都不可能是一帆风顺的，谈判其实就是一个博弈的过程，当双方僵持，陷入困境时，拼的是技能、心理的良好运用。

如何走出谈判困境，化解谈判僵局也是优秀谈判人员必备的一种技能。

我国一家著名的制药厂想打开某国的市场，因此急需在该国境内找一家有实力的代理商为其打开销路。最后，这家制药厂选中某贸易公司作为他们未来的合作对象，并约好了谈判时间，双方都很期待这次的谈判和未来的合作。

然而，谈判当天，该制药厂委派的谈判代表由于不熟悉该国城市的路况，未能及时到达双方约定的谈判地点。贸易公司的谈判代表紧紧地抓住这件事不放，并想以此为砝码获取更多的优惠条件。

由于对方提出的合作条件过于苛刻，已经越过了谈判团队拟定的底线。在退无可退之际，其中一位谈判代表决定孤注一掷，他果断地站起来说："我们十分抱歉耽误了您的时间，但是这绝非我们的本意，我们对贵国的交通状况了解不足，所以导致了这个不愉快的结果，我希望不要再为这个问题耽误宝贵的时间了。如果您因为这件事怀疑我们合作的诚意，那么，我们只好结束这次谈判。我认为，以我们所提出的优惠代理条件，一定会在贵国重新找到新的合作伙伴。"

事实上，对方也很看好这次合作机会，也不想失去这样一次赚钱的机会。这位谈判代表的话一说完，对方意识到已经触及中方的底线了，所以语气开始缓和了，说："我想我们之前也许对贵方的一些问题有一些误解，我们从未怀疑贵方的诚意，同时也愿意与贵方合作。只是价格一项，我们还需再作商讨。"

在战争中，当面对无法打败的敌人时，我们常常会有三种选择，要么投降，要么求和，要么撤退。然而，一旦求和或者投降，我们将彻底失去主动权甚至自由，处处受制于人。所谓“识时务者为俊杰”，假如适时地选择了撤退，不仅保存了己方实力，尚可在日后某个时刻或不同地点，反戈一击，再次凸显己方实力。

3. 顺势而为

谈判中，是否能够让己方处于优势地位，往往要看自己是否善于造势。但是如果自己确实不适合造势，也不具备造势的能力，顺势而为也一个非常不错的选择。老子说:“以其不争，故天下莫能与之争，此乃效法水德也。水几于道;道无所不在，水无所不利，避高趋下，未尝有所逆，善处地也;空处湛静，深不可测。”这段话是对顺势而为最好的解释。

韩国某公司是我国某公司的大客户，为了争取韩方订单及迎合市场行情变动，中方公司主动将每吨价格下调12美元。韩方公司建议中方公司马上派代表到韩国签约，以便顺利进行新的合作。

但中方公司代表在该公司总部谈了不到20分钟，韩方谈判代表就提出:“中方价格太高，三天以后再谈。”中方人员感到非常愤怒。于是，中方人员就韩方代表所说中方价格高一事进行了深入调查。他们通过各种渠道收集到韩国海关进口的大量数据。经过分析研究，虽然韩方从哥伦比亚、比利时、南非等国进口量较大，但是中方公司是韩方进口量中占份额最大的一家，且中方公司给出的价格是目前世界市场的最低价。中方代表分析，这是韩方的谈判策略。韩方认为中方代表既然来了，肯定急于签合同回国，所以现在是再压一压价格的最好时机。

鉴于上述原因，中方代表经过深思熟虑，制定如下策略：不怕空手而归，适时造势，把价格涨回原有价格水平。第二天上午，中方代表直接把要涨回原价的信息通知韩方代表。韩方代表接到电话后一个小时立即主动邀约中方代表到其公司会谈。中方代表这样表述："这是韩方给我们的权利，我们按韩方要求进行了市场调查，结果发现我们原报价低了，所以中方应该涨价。"

韩方代表一看中方代表态度强硬，本来寄希望此次谈判降些价格，但没想到中方不但不降价，还要恢复原价。无奈之下，经过几个回合的讨论，最终双方同意按中方代表来韩前的报价成交。如此一来，中方成功地使韩方放弃了压价的要求，按计划拿回了订购合同。

案例中中方的谈判代表并没有因为韩方人为制造的谈判僵局心生怨怼，而是很快控制了自己的情绪，顺势而为地进行了市场调查，并运用良好的谈判技巧让自己坚守立场，顺利为公司签下合同。

4. 攻其一点

尽管我们在谈判中强调"请站在对方的角度上看待问题"，但最终我们总是不可避免地希望谈判结果是利己的；无论如何强调"双赢思维"，但一旦进入谈判，尤其当双方利益产生冲突时，谈判双方势必各自坚守自己的立场，各执一词，相持不下，致使谈判陷入僵局。此时，一定要灵活以对，找到突破点，奋力一击，才可突出重围。

程浩单位因为项目改造需要从国外引进一批设备。通过了解，程浩发现某国一家企业生产的设备符合项目要求。但双方就全套引进还是部分引进这个议题僵持不下。

为走出僵局，避免谈判破裂，程浩经过一番细致的分析之后，尝试着用一种轻松愉快的语气对对方说道："你们公司的技术、设备和工程师都是世界一流的，相信你们的设备一定也是世界顶级的。我们双方技术合作后，我想贵方一定能够帮我们在国内市场独占鳌头。我们一旦成为中国市场第一，不仅是我们的成功，更是你们的荣耀。"

对方的谈判代表是位高级工程师，他听到这番话自然很感兴趣。气氛开始变得轻松而活跃。接着程浩乘势话锋一转，说："不过，这次董事会给我们的预算确实有限，因此不能将设备全套从贵方买进。部分零件只要国内能生产的，就不得不放弃从你们那里购买了，只能考虑国内解决，这也是没有办法的事。当然，你们或许听说了，目前尚有另外两家企业也就此事找到我们董事会，非常想与我们合作，董事会也给了我们一些压力。如果我们不尽快和你们达成协议，贵方可能就要失掉这次难得的合作机会，甚至是整个中国的市场。"

之后，双方又经过几次艰难的谈判，最终签订了合作协议。程浩就此一项为整个项目的启动省下了一大笔资金，而对方也因帮助该厂建成了我国同业中产值最高、耗能最低的项目而名声大噪，为其在本国赢得了很高的声誉。

显然，外方的谈判代表更看重中国这个广阔的市场，尤其是合作之后给他们带来的口碑效应，而我方的谈判代表非常明智地看到了这一点，并就这一点展开攻势，最终达成谈判目标。

以退为进，适当让步

谈判是一个谈判双方互相妥协的过程，并由此不断取得共识，从而达成协议。同时，我们应当清楚，让步只是寻求双方利益最大化的手段，并非是无原则的、无目的的妥协和退让。因此，谈判中必须掌握一定的谈判技巧，避免被谈判对手牵着鼻子走。一味退让，通常会陷己方于被动境地。

1. 退让要有原则

谈判中，切忌为了急于达成协议，一味退让。如果让对方掌握了你的这种心理，可能会提出更加苛刻的条件和难题。在整个谈判过程中，要清楚一点——进是目标，退是手段。之所以选择“退”，是为了更大步的“进”。因此，在正式进入谈判之前，就要制定让步的准备及相关原则。同时，把制定好的让步原则牢记在心，以备不时之需。

1）适度让步

谈判者让步的幅度和频率，影响着对方对其实力的判断，因此不可太快、太多地做出让步。太快、太多的让步，会让对方笃定地坚持原合作条款及提高其期望值，非常不利于达成合作。此外，如果在谈判前我们就已经确定好让步的底线，就要将让步的频率加大，幅度变小，对方也会从中得到一个信息——我们已经接近底线。聪明的谈判者是懂得适可而止的。

我国某机械出口公司计划向国外订购一台设备，在接到众多报价之后，公司决定从欧洲一家公司购进。但由于价格问题，双方谈判陷入僵局。

我方谈判小组经过认真细致地调研、讨论得出，成交价格会在 14 到 15 万欧元之间，并且根据前面几轮谈判经验，制订了一个让步的频率和幅度计划：第一步，先从 10 万欧元增加到 11.5 万欧元；第二步，如果对方不肯同意，可以试着提到 12.5 万欧元……以此类推。

谈判中，我方始终坚持使用之前制订的让步幅度和频率计划与对方进行交涉，而对方是由 20 万欧元逐步往下降。双方一共进行了 4 个回合的讨价还价，最终以 13.8 万欧元的价格达成协议。

适度让步其实包含两个信息：一是，不要轻易提出让步。当让步处于关键阶段时，拼的就是心理战术。高明的谈判者明知对方一定要提出某些让步的要求，但就是有意地回避有关让步的话题，增加对方提出让步方案的难度。因为他们知道，即便自己占据有利的谈判地位，也有可能因为先做出让步，坚定了对方的立场和信心。二是，有回报地提出让步。当面临不得不做出让步的决定时，要让自己的让步有所回报，也就是说让步是有条件的，比如：你可以要求对方必须……你应该……既然让步是为了争取进一步的主动，必须保证每一次的退让都是有所收益的。有的时候这种收益未必体现在当下，是“放长线钓大鱼”的谋略。

2）让对方先说

有着“中国式管理之父”之称的曾仕强教授在他的书中说过这样一段话：“先说先死。先说的人站在亮处，人家把他的底细摸得很清楚。后说的人若是存心挑毛病，专门挑他的缺失，保证把他整得体无完肤。”谈判中也是一样，有着“中国船王”之称的包玉刚也曾经提醒谈判的人们：“谈判之时，永远不要最先开口。”本来自己已经做出让步，但是对方总会想到还有空间可挖，不妨让他们先提出，先探探对方的想法。没准儿你准备好的让步条件中，有部分就成了“营外收入”。

3）分清主次

在一个大型的合作谈判中，通过谈判要实现的目标并不是单一的，在处理多重目标的过程中，不可避免地会造成某些目标冲突。那么，在让步的过程中，要尽可能保证重点目标的最低程度让步或者根本不让步，而在次要目标上可多做出一些让步。

4）清晰有序

在谈判的过程中，要明确让步的底线在哪里，你是对着谁做出让步，为什么做出这个让步，让步的具体内容及让步后的具体实施方案都要想清楚，避免在让步的过程中产生新的问题和矛盾。

“退一步海阔天空”，让步是谈判中存在的普遍现象，是最终促成合作的一种手段。但是,切忌为了能达成协议盲目地做出让步。一定要坚守原则和立场，有的放矢，才能有所得。

2. 审时才能度势

谈判中，为了达到谈判的目的和效果，审时度势，以退为进，才能掌握好让步的尺度和时机。

国外某知名企业得知我国某港口城市计划进行开发建设，在此投建企业将会获得政府的诸多优惠政策支持。经过企业董事会一再研究讨论，认为在该城市投建企业，对于企业打开我国市场将大有裨益。

于是，该企业派了一个谈判团队到我国与该城市的负责人员接触并确定了投建意向，决定以该城市港口作为建厂地点，以充分利用该城市港口的天然优势。然而，在后续组建工厂的过程中，我方负责人感到，仅靠此一家企业投建规划中的企业有难度。

此时，恰好又有一家别国企业对此事很感兴趣，认为与前面这家企业在我国联合办厂将获益匪浅。经中方负责人从中斡旋，三方达成初步的合作意向，并进入正式谈判阶段。

初期的几次谈判都非常顺利，但当后进入企业的董事长介入谈判，他听完中外双方已经进行的一些筹备工作介绍之后，为了显示自己企业在这方面才是权威，当即表示对整个前期筹备工作不满，并声称："你们对工厂的选址问题很多，前面所做的所有工作都是没有任何意义的，如果我方参与进来，一切必须从头开始！"

闻听此言，中方负责人与先期投建的外国企业均无法接受。要知道在此之前，双方已经做了大量勘察工作，才最终选定厂址，且已经在投建中，并为此耗费不菲的成本。但同时中方负责人和先期参与的外国企业的谈判代表也深知，这位董事长在国际上具有很高的权威和很大的影响力，三言两语想要说服他也是很难的。

这时，中方的一位负责人打破了沉默，他说："我代表地方政府在此郑重声明：为了建立这个工厂，我们特意确定了这处最接近港口的地方作为建厂地址，此处地理位置的优越性我们可行性报告里已经作了详尽陈述，并向贵方代表作了阐述。我们认为这是为了工厂更好地发展，同时也是为了尊重我们刚刚建立起来的友谊。因此，当有其他几个合资企业向我市提出申请这块土地的使用权时，我们都一一回绝了。当然，如果董事长对这个选址持有异议，共同建厂的事也必将无限期拖延，那我们只好将这块土地转让出去了。"

说完这段话，该负责人站起身来非常抱歉地对大家说："对不起，我还有别的重要事情，我必须暂时退出谈判。今天下午，我会在办公室等你们的消息。如果还是没有定论，我只好另做准备了。"

说完，他拎起皮包走出了会议室。半个小时后，他的电话响了，是还留在谈判现场的一个负责人打给他的，他说："董事长想了解您什么时候有时间，关于那个厂址，他想重新跟您谈一谈，希望今天把三方合作协议签下来。”他哈哈一笑说：“我现在就可以回去，半个小时左右到达会场。”

显然，我国这位负责人通过前面几次谈判，非常清楚三方对于合作的需求是真诚的，才敢于在董事长提出无理要求之后，审时度势，以退为进，“迫”其就范。

审时度势是谈判者在谈判前经过周密的准备和无数次的谈判实践积淀下来的非凡气度，并在临场中通过细致入微的观察成就的对谈判局势的掌控能力，是待时机一到，一击必中的决断。

3. 刚柔相济守立场

谈判不会是仅仅有利于某一方的谈话。当其中一方做出让步，必然会期望对方对此有所补偿。这在很大程度上取决于谈判者的立场是否坚定，让步的原则是否清晰。在表达诉求时态度既不可过分强硬，也不能过于软弱。态度过于强硬容易伤到彼此和气，而态度过于软弱又容易在谈判过程中丧失立场，受制于人。高明的谈判者深谙“刚柔相济”之道。

程丽丽刚与合意商厦签下一笔大单，还沉静在签单的喜悦中，就接到合意商厦采购小李的电话，希望程丽丽公司提前一周交货，这令程丽丽苦恼不已。因为适逢销售旺季，工厂的每一笔订单都将按照合同有步骤地运行。倘若在淡季，偶尔加急也不是难事。道理虽然如此，但她却不能生对方的气，直截了当地说：“为什么签合同前不把这件事情想清楚呢？”

于是，她委婉地回答小李说："小李，若在平时，别说是提前一周要我交货，你就是让我提前十天，我都能想办法帮你搞定。但是，你也知道，现在是销售旺季，每笔订单都有可能要求提前合同交期，我不好向领导们张嘴呀。你看这样可以吗？你也跟你们老总商量一下，是否可以把合同尾款一起付过来，这样我在向我们总经理汇报时，也就有说头了。"

小李听完，尽管十分不情愿，他也深知自己的要求无论放在哪家服装厂，旺季都不可能保证提前一周交货，而就与程丽丽他们工厂合作的经验判断，只要程丽丽肯答应，就能保质保量，按时交货。眼看着分部要提前开业，到时候如果拿不到货，小李也要罪加一等的。于是，他权衡了一下回答说："好吧，程姐，我先跟我们老总申请一下，您尽快安排生产吧。"

程丽丽爽快地说："放心，只要你的货款一到，保证马上下厂，出了问题我全担了。"

在双方出现僵局，相持不下时，如果态度强硬，不肯让步，势必会造成谈判破裂，不利于保持长期合作关系。此时采用怀柔之术，提出"刚"需，从而得到利益上的补偿，也不失为一场成功的谈判。

4. 避其锐气谋一致

谈判过程中，你面对的对手非常强大，且咄咄逼人。此时，如果用力还击，形同打拳，必被猛烈反击。此时，我们可以换一种谈话方式，避其锐气，并以双方共同利益为诱点，晓以利害，迫其就范。

富兰克林不仅是一位政治家，同时也是一位伟大的演说家。他经常能够化敌为友，扭转不利局面。当时，为了全世界第一部成文宪法的制定，几个党派展开了前所未有的激烈争论，甚至开始出现人身攻击。

为了缓和紧张的气氛，平息由于制定宪法而起的硝烟，更为了美国的利益，富兰克林发表了一段演说："世界上第一部成文宪法即将诞生于我们国家，此前我国正处于独立战争时期，由于许多政治学者的参与，制宪问题因无法达成一致意见而一再拖延。

"说心里话，我也不太赞同这部宪法，但是我找不到适合的理由去反对。到今天为止，如果我得到了更好的资讯，也会慎重考虑，有时候甚至会改变以前的想法。任何重要的问题都一样，原本以为自己的判断是准确的，最终会发现并非如此。虽然今天各位的想法都不一样，但请看在全体美国人共同利益的分儿上，暂时放下个人之间的争执，共同签署宪法案吧！"

高明的谈判者绝对不会在说服他人的过程中，试图使自己彻底击溃对方而占得上风，如果这样做，其结果势必造成对手的顽固对抗和猛烈反击，致使谈判失败。顺着对方的意思，适时肯定对方的想法，并从中谋求双方或者多方利益的共同点，方是突围之道。

5. 虚声东，实击西

想要迫使对方做出最大限度的让步，可以试着将对方的注意力转移，从而顺利地通过其后的谈判，在谋得我方利益的同时，也要让对方感到最大的满足。当然，在谈判的过程中，一定要注意将自己的真实需要隐藏到位。否则，一旦被对方识破，不仅谈判目标无法达成，还有可能致使刚刚建立起来的良好关系破裂。

李强所在的集团准备从某公司购进一批新设备，集团的主任工程师对于新型设备上的几个细节问题不太清楚，所以想在大批量购进设备之前先到该公司实地考察、学习。因此，李强跟该公司的销售乔约好了实地考察的时间。

但在这个过程中，李强发现，该公司目前的销售业绩不仅远离年初制订的年终目标，而且还陷入了一起财务纠纷中，该公司现在迫切地需要出手一批设备，才能保证正常运营。

李强决定抓住该公司迫切出手设备这一核心问题，计划在原价位的基础上让其下降2%。他非常清楚，根据市场行情及长期的谈判经验判断，目前的报价已经接近其设定的价格底线，如果生硬地要求乔再调低价格，几乎不可能。

于是，他决定给乔打个电话，试探他的反应。他运用声东击西，以退为进的方式对乔说："老兄，不得不告诉你一个坏消息。"

乔开玩笑地说："只有天塌下来，对我来说才是坏消息。"

李强呵呵一笑，继续说："我就喜欢你这种乐观的性格。"他顿了一下转而用略带沉重的语气对乔说："今天早上，我们总经理把我和我们采购部总监一起叫到他的办公室，对你们集团给出的报价很不满意，他说以他目前了解的情况来看，至少高出了市场价格2%。原来是市场部的人在总经理那儿说了什么，唉，我们也不能多说什么。最后，总经理还把市场部推荐的那家合作企业的电话给我，要我尽快与他们取得联系并签下合同。不过是2%的折扣，我们采购部前面的辛苦都白搭了。”说完，还叹了一口气。

乔听说要失去订单，开始有点儿惊慌失措。他问李强是否可以等他一天再作决定。李强用充满忧虑的语气告诉他：“老兄，你有办法再给我降2%吗，我知道你们已经给出了最低价格，我也想看看市场部提供的企业到底什么来头，能给出这么低的报价。”

乔则斩钉截铁地保证说：“我们之前合作一直不错，我只需要你给我一天的时间，你耐心地等我的通知。”

李强则说：“老兄，你可别害我呀，毕竟老总的吩咐不容忽视，我明天必须给他一个漂亮的结果。”

乔放下电话，马上将这一情况反馈到公司总经理那里。显然，该公司从上到下都很重视这笔业务，尤其总经理对于马上要“失掉”这样一笔本来很有把握的订单也有点儿过度紧张。他马上指示乔说：“好吧，你最多可以再给他让2.5%，如果他们还不满意，也要马上电话向我汇报。不管怎么样都要拿下这笔订单。”

当乔把这个结果告诉李强时，李强则假意应承道：“啊，这样的话你们公司还能赚到钱吗？这样吧，我马上电话联系总经理，以我们多年的合作关系，我想他还是会优先考虑我们之间的合作的。等我的好消息。”

大约过了半个小时，李强才给乔回电话说：“总经理说，我们可以签合同了。”

声东击西在现实生活中被提及的频率非常高，它以假动作欺敌，掩护主力在第一时间击其要害，以取得战争的胜利。但是，使用此计时，要对对手情况调查得非常清楚，并能够充分估计未来发展的趋势。否则，只会适得其反。文中的李强在使用这招战术时就是因为他了解到该公司的财务状况非常糟糕，急需这笔业务。在具体运用的过程中，他紧紧地抓住对方迫切签单这一心理向对方提出了降价要求，巧妙地将这一明确目标隐藏起来，而在对方是否能够拿下这个订单上大做文章，让对方本就迫切签单的心理愈加紧张不安，迫使该公司做出更大的让步，以接近成本价的价格成交。